KK

Karteikart[...]

Haack

Arbeitsrecht

15. Auflage 2022

Alpmann Schmidt

Claudia Haack
Rechtsanwältin und Repetitorin

Arbeitsrecht

15. Auflage 2022

ISBN: 978-3-86752-810-8

Verlag: Alpmann und Schmidt Juristische Lehrgänge
Verlagsgesellschaft mbH & Co. KG, Münster

Inhaltsverzeichnis (1)

Definition   Beachte   Beispiel

Inhaltsverzeichnis (2)

Definition Beachte Beispiel

Arbeitsrechtliche Grundbegriffe (1)

I. Arbeitsrecht

➲ Sonderrecht (Schutzrecht) der Arbeitnehmer

Individualarbeitsrecht	Kollektives Arbeitsrecht
➲ Regelung der Rechtsbeziehungen zwischen dem Arbeitgeber und einzelnen Arbeitnehmern	➲ Regelung der Rechtsbeziehungen der arbeitsrechtlichen Koalitionen und Belegschaftsvertretungen zu ihren Mitgliedern und Gegnern
▪ erfasst u.a. Begründung, Inhalt, Störung, Beendigung von Arbeitsverhältnissen	▪ erfasst u.a. Betriebsverfassungs-, Tarifvertrags-, Arbeitskampf-, Mitbestimmungsrecht

II. Betrieb

➲ organisierte Einheit, innerhalb derer der Inhaber allein oder in Gemeinschaft mit seinen Mitarbeitern mithilfe von sachlichen und immateriellen Mitteln bestimmte arbeitstechnische Zwecke unmittelbar fortgesetzt verfolgt

III. Unternehmen

➲ organisatorische Einheit, mit welcher der Inhaber einen entfernteren wirtschaftlichen oder ideellen Zweck verfolgt

IV. Arbeitsverhältnis

➲ Gesamtheit der durch Arbeitsvertrag begründeten Rechtsbeziehungen zwischen AG und AN

Arbeitsrechtliche Grundbegriffe (2)

V. Arbeitsvertrag

➲ privatrechtlichen Vertrag, durch den jemand im Dienste eines anderen zur Leistung weisungsgebundener, fremdbestimmter Arbeit in persönlicher Abhängigkeit verpflichtet wird, vgl. § 611a I 1 BGB

Voraussetzungen:

1. **privatrechtlicher Vertrag** ⇨ (–) bei öffentlich-rechtlichen Dienstverhältnissen (Beamte, Richter, etc.), bei familienrechtl., gesetzl. Verpflichtung (§§ 1353, 1360, 1619 BGB)
2. **Dienstvertrag i.S.v. § 611 BGB**, da Arbeitnehmer „im Dienste eines anderen steht", vgl. § 611a I 1 BGB
   (1) nur Tätigkeit geschuldet, kein Erfolg; *Abgrenzung zum Werkvertrag, § 631 BGB*
   (2) für einen anderen, nicht für einen gemeinsamen Zweck; *Abgrenzung zum Gesellschaftsvertrag, § 705 BGB*
   (3) Entgeltlichkeit (nach h.M. keine zwingende Begriffsvoraussetzung); *Abgrenzung zum Auftrag, § 662 BGB*
3. **unselbstständige Dienste**, da Arbeitnehmer zu weisungsgebundener fremdbestimmter Arbeit in persönlicher Abhängigkeit verpflichtet ist, vgl. § 611a I 1 BGB
   - Gem. § 611a I 1 BGB ist Weisungsgebundenheit ein wichtiger Aspekt für die Abgrenzung. Gem. § 611 a I 3 BGB ist weisungsgebunden, wer nicht im Wesentlichen frei seine Tätigkeit gestaltet und seine Arbeitszeit bestimmen kann **(Weisungsgebundenheit in fachlicher und zeitlicher Hinsicht)**.
   - Gem. § 611a I 5 BGB ist jedoch Gesamtbetrachtung aller Umstände vorzunehmen:
     – ***Hauptindizien** für Unselbstständigkeit*
       -- Eingliederung in fremden Produktionsbereich
       -- Ganze Arbeitskraft geschuldet

Arbeitsrechtliche Grundbegriffe (3)

V. Arbeitsvertrag (Fortsetzung)

- ***Nebenindizien*** *für Unselbstständigkeit* (keine entscheidende Bedeutung)
  - -- Entlohnung durch festes Gehalt
  - -- Lohnzahlung bei Urlaub, Krankheit
  - -- Abführen von Lohnsteuern, Sozialversicherungsleistungen
  - -- Bezeichnung als Arbeiter/Angestellter

VI. Arbeitnehmer (AN)

➲ wer aufgrund eines Arbeitsvertrags zur Arbeitsleistung verpflichtet ist

- Einteilung = alle AN sind entweder Arbeiter oder Angestellte
  - – Angestellter (nach herrschender Verkehrsauffassung): wer kaufmännische, büromäßige oder sonst vorwiegend geistige Arbeit leistet
  - – Arbeiter: wer überwiegend körperliche Arbeit leistet
  - ⇨ Abgrenzung wegen weitgehender gesetzlicher Gleichstellung nur noch von geringer arbeitsrechtlicher Bedeutung

⚠ Ist unterschiedliche Regelung für Arbeiter und Angestellte vorhanden – z.B. in einem Tarifvertrag –, liegt evtl. Verstoß gegen Art. 3 I GG vor.

VII. Arbeitgeber (AG)

➲ jede natürliche oder juristische Person, die mindestens einen AN beschäftigt

Arbeitsrechtliche Grundbegriffe (4)

VIII. Arbeitnehmerähnliche Person

➲ Dienst- oder Werkleistende, die vom Unternehmer nicht persönlich, aber wirtschaftlich abhängig sind **und** auch nach ihrer gesamten sozialen Stellung mit AN vergleichbar sind

- auf arbeitnehmerähnliche Personen ist das Arbeitsrecht grundsätzlich nicht anwendbar, es sei denn, dies ist ausdrücklich angeordnet (z.B. § 5 I 2 ArbGG, § 2 S. 2 BUrlG, § 12 a TVG)

IX. Leitende Angestellte (definiert in § 5 III 2 BetrVG)

- sind rechtlich AN, üben aber wegen ihrer leitenden Stellung teilweise AG-Funktionen aus
  ⇨ rechtliche Sonderbehandlung, z.B. gilt nicht BetrVG, sondern SprecherausschussG

Rechtsquellen des Arbeitsrechts

bei **Konkurrenz auf verschiedenen Rangstufen** gilt das **Rangprinzip:** die ranghöhere Regelung verdrängt die rangniedere Regelung

Ausnahme: „Günstigkeitsprinzip“: rangniedere Regelung im ArbV geht der ranghöheren im TV vor, wenn sie für AN günstiger ist, vgl. § 4 III TVG (gilt analog für Verhältnis ArbV – Betriebsvereinbarung)

I. EU-Recht

II. Verfassung

III. Zwingendes Gesetzesrecht

IV. Zwingende Tarifvertragsnormen

V. Zwingende Bestimmungen einer Betriebsvereinbarung

VI. Einzelarbeitsvertrag ergänzt durch allg. Arbeitsbedingungen, Gleichbehandlungsgrundsatz, betriebliche Übung (vgl. ⧉ 6, 7, 8)

VII. Dispositive Kollektivvereinbarung, dispositives Gesetzesrecht

VIII. Direktionsrecht des Arbeitgebers (vgl. ⧉ 7)

bei Konkurrenz auf derselben Rangstufe gelten das **Spezialitäts- u. Ordnungsprinzip**, wonach die speziellere der allg. bzw. die neuere der älteren Regelung vorgeht

⚠ Auswirkungen der Schuldrechtsreform

- gem. Art. 229 § 5 S. 2 EGBGB **gilt neues Schuldrecht seit 01.01.2003 für Dauerschuldverhältnisse, die bereits vor dem 01.01.2002 bestanden haben**

Ergänzungen zum Arbeitsvertrag (1)

I. Allgemeine Arbeitsbedingungen

1. Begriff = vom AG einseitig aufgestellte und den einzelnen Arbeitsverträgen formularmäßig zugrunde gelegte sog. **Einheitsarbeitsverträge** oder vom AG durch Aushang oder Schreiben bekannt gemachte Regelungen des Arbeitsverhältnisses, die für alle AN eines Betriebs oder für bestimmte Gruppen gelten sollen **(Gesamtzusage)**.

2. Inhaltskontrolle

- erfolgt gem. §§ 307 ff. BGB, da gem. § 310 IV 2 BGB die Vorschriften über Allgemeine Geschäftsbedingungen auch auf Arbeitsverträge Anwendung finden – allerdings unter angemessener Beachtung der im Arbeitsrecht geltenden Besonderheiten. Zudem ist § 305 II, III BGB (Einbeziehung) nicht anzuwenden.

  Unter den Besonderheiten des Arbeitsrechts sind nach h.M./BAG diejenigen Normen zu verstehen, die sich im Arbeitsrecht als Rechtsgebiet im Ganzen besonders auswirken. D.h. der gesamte Abschnitt der §§ 305 ff. BGB ist auf Arbeitsverträge grds. anwendbar, der Vorbehalt in § 310 IV 2 BGB lässt aber in begründeten Einzelfällen eine Korrektur zu.

  ⚠ Nach BAG verstößt die formularmäßige Vereinbarung einer Vertragsstrafe für den Fall der rechtswidrigen Lösung von einem Arbeitsvertrag nicht gegen § 309 Nr. 6 BGB, da die fehlende Vollstreckbarkeit der Arbeitsleistung gem. § 888 III ZPO eine im ArbR geltende Besonderheit i.S.v. § 310 IV 2 BGB ist. Sie kann aber bei unverhältnismäßiger Höhe gegen § 307 I BGB verstoßen.

- Diese Normen enthalten z.T. unbestimmte Rechtsbegriffe, bei deren Auslegung die Wertung der Grundrechte zum Zuge kommen kann.

Ergänzungen zum Arbeitsvertrag (2)

II. Direktionsrecht

- **Begriff:** Recht des AG, im Rahmen des Arbeitsvertrags die Arbeitspflicht des AN nach Zeit, Art und Ort zu konkretisieren und diesem bestimmte Arbeiten zuzuweisen; seit 01.01.2003 in § 106 GewO geregelt
- **Grenze:** Arbeitsvertrag; nach Billigkeit zu bestimmen gem. § 106 GewO
  ⚠ unbestimmter Rechtsbegriff ⇨ Wertung der Grundrechte kann bei der Auslegung herangezogen werden
- In **Notsituationen** muss AN **vorübergehend** eine vertraglich nicht geschuldete Tätigkeit übernehmen, wenn sie nicht zu sehr von der eigentlich geschuldeten Tätigkeit abweicht.

III. Gleichbehandlungsgrundsatz

1. **Inhalt: verbietet** die **willkürliche, d.h. sachfremde Schlechterstellung** einzelner AN gegenüber anderen, vergleichbaren AN
2. **dogmatische Einordnung str.:**
   - z.T. unmittelbare Wirkung des Art. 3 GG
   - z.T. Fürsorgepflicht des AG
   - z.T. allgemeiner Rechtsgedanke u.a. aus § 75 BetrVG, Art. 45 AEUV
3. **Voraussetzungen für einen Anspruch aus § 611a I BGB i.V.m. Gleichbehandlungsgrundsatz**
   (1) Maßnahme unterliegt der **einseitigen Gestaltungsmacht** des AG
   ⚠ Bei ausgehandelten Arbeitsbedingungen hat der Grundsatz der Vertragsfreiheit Vorrang.
   (2) Maßnahme ist generell motiviert und wird generell durchgeführt **(Regelhaftigkeit)**
   (3) sachwidrige Ungleichbehandlung einzelner AN
4. **Rechtsfolge:** der willkürlich Ausgeschlossene hat einen **Anspruch auf dieselbe Leistung**, von der er zu Unrecht ausgeschlossen wurde; sog. **„anspruchserzeugende Wirkung“**

Ergänzungen zum Arbeitsvertrag (3)

IV. Betriebliche Übung

➲ regelmäßige Wiederholung bestimmter gleichmäßiger Verhaltensweisen durch AG, aus der AN schließen können, dass ihnen eine Leistung/Vergünstigung auf Dauer gewährt werden soll oder dass für sie auf Dauer eine bestimmte Verpflichtung begründet werden soll

⚠ Betriebliche Übung zu Ungunsten der AN ist mit § 308 Nr. 5 BGB unvereinbar!

1. dogmatische Begründung str.:

(1) Vertragstheorie (insbes. BAG): AG macht durch die regelmäßige Wiederholung ein Vertragsangebot, welches die AN gem. § 151 BGB stillschweigend annehmen

(2) Vertrauenshaftungstheorie: AG erweckt durch die regelmäßige Wiederholung bei AN schutzwürdiges Vertrauen für die Zukunft, sodass eine Änderung seines Verhaltens gegen § 242 BGB verstoßen würde

2. Voraussetzungen für Anspruch aus § 611a BGB i.V.m. betrieblicher Übung:

(1) tatsächliche Übung: mindestens **dreimalige Wiederholung** einer bestimmten Verhaltensweise

(2) kein Vorbehalt der Freiwilligkeit durch AG

(3) Annahme durch AN

3. Rechtsfolge: Anspruch der AN aus § 611a BGB i.V.m. betrieblicher Übung auf die durch die bestimmte Verhaltensweise gewährte Leistung

Ausnahme: Existenzgefährdung des Betriebs

4. Beseitigung: Widerruf, wenn Widerrufsvorbehalt vereinbart; Aufhebungsvertrag; Änderungskündigung

⚠ Beseitigung durch gegenläufige betriebliche Übung scheitert i.d.R. an § 308 Nr. 5 BGB!

⚠ Unterschied:

- **Freiwilligkeitsvorbehalt** lässt Anspruch aus betrieblicher Übung nicht entstehen
- bei **Widerrufsvorbehalt** entsteht Anspruch aus betriebl. Übung, entfällt bei Widerruf aber für die Zukunft

AN = Verbraucher i.S.v. § 13 BGB?

„relativer Verbraucherbegriff“	„absoluter Verbraucherbegriff“ (h.M.; Rspr.)
▪ Grds.: AN kein Verbraucher ▪ Ausn.: AN handelt als Käufer, Mieter, Darlehensnehmer etc.	▪ AN = Verbraucher
arg.: (1) Allgemeiner Sprachgebrauch: „Verbraucher“ = jemand, der eigene Bedürfnisse durch Rechtsgeschäfte deckt (2) VerbraucherschutzR für AN nicht erforderlich, da ArbR eigenes SchutzR für AN aufweist (3) Gesetz differenziert auch heute noch zwischen AN und Verbraucher, vgl. § 310 IV 2 BGB und § 310 III BGB	**arg.:** (1) Wortlaut des § 13 BGB (2) nach seiner systematischen Stellung im BGB AT findet § 13 BGB auf alle Rechtsgeschäfte – also auch auf Arbeitsverträge – Anwendung (3) Entstehungsgeschichte zu § 310 IV 2 BGB: Inhaltskontrolle im ArbR soll nicht unter Schutzniveau des ZivilR bleiben ⇨ allg. Rechtsgedanke: Verbraucherschutz auf AN erstrecken

➲ Von der Verbrauchereigenschaft hängt die Anwendbarkeit verschiedener Schutzvorschriften ab, z.B. § 312 g i.V.m. § 355, § 310 III, § 288 II, §§ 491 ff. BGB.

⚠ **Klausurtipp:** Beim persönlichen Anwendungsbereich dem „absoluten Verbraucherbegriff“ folgen, um beim sachlichen Anwendungsbereich einzelfallbezogen abwägen zu können, ob AN-Schutz über diese Verbraucherschutzregelung sinnvoll ist.

Schutz vor Benachteiligungen im Arbeitsrecht durch AGG (1)

- AGG ist **am 18.08.2006 in Kraft getreten**; Umsetzung von vier EG-Richtlinien
- **Ziel** des AGG: Schutz vor Benachteiligungen im Arbeitsleben und im Zivilrechtsverkehr aufgrund bestimmter Merkmale (Rasse, ethnische Herkunft, Geschlecht, Religion, Weltanschauung, Behinderung, Alter u. sexuelle Identität)

I. Anwendungsbereich

1. persönlicher Anwendungsbereich, § 6 AGG

- § 6 I AGG: Beschäftigte (insbes. auch Bewerber/innen, vgl. § 6 I 2 AGG)
- § 6 II AGG: Arbeitgeber
- § 6 III AGG: Selbstständige/Organvertreter

2. sachlicher Anwendungsbereich, § 2 I Nr. 1–4 AGG

- Schutz vor Benachteiligung bei Begründung und Durchführung eines Beschäftigungsverhältnisses sowie beim Zugang zur Fortbildung und Umschulung und in Zusammenhang mit der Mitgliedschaft in einer AN- bzw. AG-Vereinigung
- **Ausnahme:** betriebliche Altersversorgung, § 2 II 2 AGG; **Kündigung**, § 2 IV AGG

⚠ Str., ob § 2 IV AGG europarechtswidrig ist, da EG-Richtlinien die Beendigung von Arbeitsverhältnissen ausdrücklich einbeziehen. Nach h.M. und BAG-Rspr. ist § 2 IV AGG europarechtskonform, da die Wertung des AGG bei der Auslegung der unbestimmten Rechtsbegriffe im Zusammenhang mit der Kündigung ausreichend berücksichtigt werden könne – z.B. „Sozialwidrigkeit" im KSchG. Bei ordentlicher Kündigung, auf die KSchG keine Anwendungen findet, ist AGG laut BAG direkt anwendbar.

3. zeitlicher Anwendungsbereich, § 33 AGG: arbeitsrechtliche Bestimmungen des AGG gelten nur für Benachteiligungshandlungen, die nach seinem Inkrafttreten vorgenommen wurden

Schutz vor Benachteiligungen im Arbeitsrecht durch AGG (2)

II. Verstoß gegen Benachteiligungsverbot nach § 7 I AGG

Gem. § 7 I AGG dürfen Beschäftigte nicht wegen eines in § 1 AGG genannten Grundes benachteiligt werden.

1. Benachteiligungsgrund, § 1 AGG (Katalog des § 1 AGG ist abschließend)

- *aus Gründen der Rasse:* Handeln ist rassistisch motiviert
- *ethnische Herkunft:* Zurechnung eines Menschen zu einer Gruppe, die durch gleiche Sprache und Lebensgewohnheiten, gemeinsame Geschichte und Kultur verbunden ist – z.B. Sinti und Roma
- *Geschlecht:* objektive Geschlechtlichkeit einer Person
- *Religion:* Glaube an ein höheres göttliches Wesen
- *Weltanschauung:* Glaube an eine Ordnung der erlebbaren Wirklichkeit – z.B. Darwinismus
- *Behinderung:* jeder vom alterstypischen Zustand abweichende Zustand der körperlichen Funktion, geistigen Fähigkeit oder seelischen Gesundheit, der mit hoher Wahrscheinlichkeit länger als 6 Monate dauert und die Teilhabe am gesellschaftlichen Leben beeinträchtigt (vgl. Definition in § 2 I SGB IX)
- *Alter:* umfasst jedes Alter, bezweckt also nicht nur den Schutz älterer Menschen
- *sexuelle Identität:* heterosexuelle, homosexuelle, transsexuelle, bisexuelle Neigungen

2. Benachteiligung i.S.v. § 3 AGG

- erfasst sind unmittelbare und mittelbare Benachteiligung, Belästigung, sexuelle Belästigung und Anweisung zur Benachteiligung, vgl. i.E. die Legaldefinitionen in § 3 AGG

  ⚠ AG haftet gem. § 278 BGB insbes. für Benachteiligungen von vorgesetzten und weisungsbefugten Mitarbeitern; i.Ü. haftet AG, wenn er Benachteiligung durch andere Personen – z.B. Arbeitskollegen – durch Verletzung seiner Pflichten aus § 12 AGG mitverursacht hat
- Beweislast: Anspruchsteller muss Indizien für Benachteiligung darlegen und beweisen, § 22 AGG

Schutz vor Benachteiligungen im Arbeitsrecht durch AGG (3)

II. Verstoß gegen Benachteiligungsverbot nach § 7 I AGG (Fortsetzung)

3. Rechtfertigung, §§ 5, 8–10 AGG

- **§ 8 AGG** – *Rechtfertigung unterschiedlicher Behandlung wegen beruflicher Anforderungen*
  - zulässig, wenn der Grund wegen der Art der auszuübenden Tätigkeit oder der Ausübungsbedingungen eine wesentliche und entscheidende berufliche Anforderung darstellt, sofern Zweck rechtmäßig und Anforderung angemessen ist.

    ☞ zulässig ist, im Frauenhaus nur weibliche AN einzustellen
- **§ 9 AGG** – *Rechtfertigung wegen unterschiedlicher Religion oder Weltanschauung (Kirchenklausel)*

  ⚠ § 9 I Alt. 1 AGG ist europarechtswidrig und muss deshalb unangewendet bleiben (Rspr. EuGH u. BAG); Rechtfertigung nach § 9 I Alt. 2 AGG setzt nach unionskonformer Auslegung voraus, dass Religion nach Art der Tätigkeit eine wesentliche, rechtmäßige und gerechtfertigte berufliche Anforderung angesichts des Ethos der Religionsgemeinschaft darstellt.

  ☞ zulässig ist Anforderung der katholischen Kirche, dass Priester katholisch sein müssen
- **§ 10 AGG** – *Rechtfertigung unterschiedlicher Behandlung wegen des Alters*
  - zulässig, wenn sie objektiv und angemessen und durch ein legitimes Ziel gerechtfertigt ist
  - Regelbeispiele in § 10 I 3 AGG sind nicht abschließend
- **§ 5 AGG** – *Rechtfertigung unterschiedlicher Behandlung wegen positiver Ausgleichsmaßnahmen*
  - zulässig, wenn Nachteile, die wegen eines in § 1 AGG genannten Grundes bestehen, durch geeignete und angemessene Maßnahmen verhindert oder ausgeglichen werden sollen

    ☞ Maßnahmen zur Förderung der Chancengleichheit von Männern und Frauen

⚠ Bei Benachteiligung aus mehreren Gründen muss sich Rechtfertigung auf alle Gründe erstrecken, § 4 AGG

Schutz vor Benachteiligungen im Arbeitsrecht durch AGG (4)

III. Rechtsfolgen eines Verstoßes gegen das Benachteiligungsverbot

1. Allgemeine Sanktionen

- Rechtsgeschäfte, die gegen Benachteiligungsverbot verstoßen, sind gem. § 134 BGB i.V.m. § 7 I AGG nichtig (§ 7 II AGG hat nur deklaratorische Bedeutung).

  ⚠ Nichtigkeit erfasst in Abweichung von § 139 BGB nur benachteiligende Klausel, nicht das ganze Vertragsverhältnis, da AGG Beschäftigte schützen will

- § 13 AGG: BeschwerdeR, § 14 AGG: LeistungsverweigerungsR bei Belästigung oder sexueller Belästigung

2. Schadensersatz, § 15 I AGG

- **Voraussetzungen:**

  (1) Verstoß gegen das Benachteiligungsverbot (Rechtsgrundverweis auf § 7 I AGG)

  (2) Vertretenmüssen des AG – wird gem. § 15 I 2 AGG vermutet

  ⚠ Fremdverschulden wird AG gem. § 31 (analog) BGB oder gem. § 278 BGB zugerechnet, wenn diese Personen AG-Pflichten gegenüber benachteiligten Beschäftigten wahrnehmen, z.B. Vorgesetzte, Personalleiter. Benachteiligungen durch Kollegen können nicht gem. § 278 BGB zugerechnet werden, aber AG trifft evtl. eigenes Verschulden wegen Verletzung von Pflichten aus § 12 AGG (str., ob SE aus § 280 I BGB oder § 15 I AGG).

- **Rechtsfolge:** Ersatz des durch Benachteiligung entstandenen materiellen Schadens gem. §§ 249 ff. BGB (Naturalrestitution gem. § 249 I BGB in Fällen des § 15 VI AGG ausgeschlossen)

  – Benachteiligter ist so zu stellen, wie er ohne Benachteiligung stehen würde (positives Interesse)

  – **Problem:** Umfang des Schadensersatzes eines Bewerbers, der bei benachteiligungsfreier Auswahl eingestellt worden wäre ⇨ Schaden besteht in dem entgangenen Verdienst

  Lösung: Begrenzung des Schadensersatzes auf den Verdienstausfall, der bis zur ersten fiktiven Kündigungsmöglichkeit des AG entsteht, nach a.A. Abfindung analog §§ 9, 10 KSchG

Schutz vor Benachteiligungen im Arbeitsrecht durch AGG (5)

III. Rechtsfolgen eines Verstoßes gegen das Benachteiligungsverbot (Fortsetzung)

3. Entschädigung, § 15 II AGG

- **Voraussetzungen:**

  (1) Verstoß gegen das Benachteiligungsverbot

  (2) Kein Verschuldenserfordernis

- **Rechtsfolge:**

  Benachteiligter erhält angemessene Entschädigung in Geld für den Nichtvermögensschaden

  – Höhe steht im Ermessen der Gerichte, die u.a. folgende Aspekte berücksichtigen: abschreckende Wirkung, Grad der Verantwortlichkeit des AG, Schwere der Verletzung, wirtschaftliche Leistungsfähigkeit des AG

  – bei Nichteinstellung eines Bewerbers Obergrenze von 3 Monatsgehältern, wenn er auch bei benachteiligungsfreier Auswahl nicht eingestellt worden wäre, § 15 II 2 AGG

⚠ Ansprüche aus § 15 I, II AGG müssen innerhalb von 2 Monaten nach Kenntniserlangung des Beschäftigten von der Benachteiligung schriftlich gegenüber dem AG geltend gemacht werden, § 15 IV AGG. Die Klageerhebung muss innerhalb von 3 Monaten ab schriftlicher Geltendmachung des Anspruchs erfolgen, § 61 b I ArbGG.

4. Allgemeine Ansprüche

- Ansprüche aus anderen Rechtsvorschriften können neben § 15 I, II AGG geltend gemacht werden, vgl. § 15 V AGG
- in Betracht kommen u.a. Ansprüche aus § 823 I, II BGB oder § 1004 BGB

  ⚠ Ob Ansprüche aus § 280 I BGB neben Ansprüchen aus § 15 AGG bestehen, ist umstritten. Nach h.Lit. und BAG verdrängt § 15 I AGG als speziellere Norm § 280 I BGB (arg.: Wortlaut § 15 I, V AGG, gesetzlicher Regelungszusammenhang).

Zustandekommen des Arbeitsverhältnisses

I. Anbahnung des Arbeitsverhältnisses

Personalplanung
- Beteiligung des Betriebsrats gem. §§ 92 ff. BetrVG

Stellenausschreibung
- invitatio ad offerendum
- benachteiligungsfreie Ausschreibung, § 11 AGG
- Betriebsrat kann innerbetriebl. Ausschreibung verlangen, § 93 BetrVG

Bewerbung
- es entsteht vorvertragliches Schuldverhältnis

⇨ bei schuldhafter Pflichtverletzung Anspruch aus § 280 I i.V.m. §§ 311 II, 241 II BGB

Vorstellung
- Ersatz der Vorstellungskosten analog § 670 BGB
- Anspruch auf Vernichtung des Personalfragebogens analog § 1004 I 1 BGB

Auswahlkriterien
- grds. freie Wahl des AG
- aber gem. § 7 I AGG Benachteiligungsverbot u. gem. § 164 II SGB IX Benachteiligungsverbot für Schwerbehinderte

  ⇨ bei Verstoß:
  - kein Einstellungsanspruch
  - aber Entschädigung

II. Begründung des Arbeitsverhältnisses

1. durch Vertragsabschluss
- es gelten die allgemeinen Regeln, §§ 104 ff., 145 ff., 164 ff., 275 ff., 320 ff. BGB, insbes. der Grundsatz der Vertragsfreiheit, vgl. § 105 GewO
- wichtige Einschränkungen der Vertragsfreiheit
  - § 7 I AGG, § 164 II SGB IX
  - § 5 JArbSchG (Beschäftigungsverbot)
  - § 99 BetrVG (Zustimmung d. Betriebsrats)
  - § 154 SGB IX (Beschäftigung Schwerbehinderter)
- grds. bedarf der Arbeitsvertrag keiner Form; Ausnahme: Sondergesetze und Vereinbarungen

  ⚠ Erweiterung der Geschäftsfähigkeit bei §§ 112, 113 BGB

2. durch Betriebsübergang, § 613 a BGB (vgl. ⧉ 42, 43)

Mängel des Arbeitsvertrags (1)

I. Gesamtnichtigkeit

1. Nichtigkeitsgründe

- für den Arbeitsvertrag gelten dieselben Nichtigkeitsgründe wie für sonstige Rechtsgeschäfte
- im Arbeitsrecht kommen insbes. in Betracht: §§ 105, 106 ff., 177, 125, 134, 138 BGB (Verbotsgesetze i.S.v. § 134 BGB sind insbes. AN-Schutzvorschriften, auch Tarifverträge und Betriebsvereinbarungen)

2. Folgen

- **vor Vollziehung** des Arbeitsvertrags gelten allgemeine Regeln des BGB ⇨ Arbeitsvertrag ist von Anfang an nichtig, keine vertraglichen Ansprüche der Beteiligten
- **nach Vollziehung** des Arbeitsvertrags entsteht sog. **„faktisches Arbeitsverhältnis"**

  arg.: – Rückabwicklung gem. §§ 812 ff. BGB unbillig, da AG Bereicherung bestreiten oder Wegfall der Bereicherung geltend machen könnte

  – Lohnschutz gegen Pfändung/Aufrechnung würde nicht greifen, §§ 850 ff. ZPO, § 394 BGB

Voraussetzungen für faktisches Arbeitsverhältnis

(1) fehlerhafter Arbeitsvertrag

(2) Vollzug des Arbeitsvertrags: grds. mit Arbeitsaufnahme

(3) keine entgegenstehenden überwiegenden öffentlichen Interessen (z.B. § 138 BGB) oder Interessen des Einzelnen (z.B. des Minderjährigen)

Rechtsfolgen

- wird für Vergangenheit wie ein wirksames Arbeitsverhältnis behandelt; AN hat quasivertragliche Ansprüche auf Lohn, Urlaub etc.
- keine Bindung für die Zukunft; von jedem Partner jederzeit einseitig beendbar ohne Einhaltung der Kündigungsvorschriften

Mängel des Arbeitsvertrags (2)

II. Teilnichtigkeit

- nach § 139 BGB führt Teilnichtigkeit im Zweifel zur Gesamtnichtigkeit des Vertrags
- bei Teilnichtigkeit des Arbeitsvertrags ist § 139 BGB nicht anwendbar, wenn Annahme der Gesamtnichtigkeit dem Schutzzweck der Norm widerspricht, aus der die Teilnichtigkeit folgt

III. Anfechtung

1. Anwendbarkeit der §§ 119 ff. BGB auf den Arbeitsvertrag?

(+), zwar u.U. Konkurrenz zur außerordentlichen Kündigung möglich, **aber:** beide Rechte haben unterschiedliche Voraussetzungen und es muss wegen der Privatautonomie möglich sein, sich von irrtumsbedingt abgegebenen Willenserklärungen zu lösen

2. Anfechtungsgrund: §§ 119 ff. BGB; insbesondere:

Eigenschaftsirrtum, § 119 II BGB

- **Eigenschaften** des AN können sein: Geschlecht, Alter, Sachkunde, Gesundheitszustand, Zuverlässigkeit etc.
- **erheblich** ist die Eigenschaft jedoch nur, wenn sie in unmittelbarer Beziehung zum Inhalt des Arbeitsvertrags steht

Arglistige Täuschung, § 123 BGB

(1) **Täuschungshandlung:** insbes. Falschbeantwortung einer Frage oder Verschweigen von Tatsachen beim Einstellungsgespräch

(2) **widerrechtlich:** nur bei zulässiger Frage des AG oder bei Offenbarungspflicht des AN; im Hinblick auf das Persönlichkeitsrecht des AN sind nur Fragen zulässig, die mit Arbeitsplatz oder zu leistender Arbeit zusammenhängen

⚠ bei unzulässiger Frage hat AN „notwehrähnliches Recht zur Lüge"

(3) **arglistig:** bewusste Lüge/bewusstes Verschweigen und für AN erkennbar, dass Tatsache für Einstellung erheblich

(4) **Kausalzusammenhang** zwischen der Täuschung und Begründung des Arbeitsverhältnisses

Mängel des Arbeitsvertrags (3)

III. Anfechtung (Fortsetzung)

2. Anfechtungsgrund (Fortsetzung)

- **klausurrelevante Einzelfälle zum Fragerecht des AG**

(1) Frage nach Vorstrafen: zulässig für Vorstrafen, die für die Tätigkeit von Bedeutung sind

⚠ Vorstrafen werden gem. §§ 45 ff. BZRG nach gewisser Zeit getilgt, danach darf sich der AN als nicht vorbestraft bezeichnen

(2) Frage nach der Schwerbehinderteneigenschaft:

– frühere Rspr.: Frage ist wegen der rechtlichen und wirtschaftlichen Auswirkungen für AG uneingeschränkt zulässig – unabhängig von arbeitsplatzbezogener Relevanz

– heute h.Lit.: Frage ist nur zulässig, wenn Schwerbehinderung für konkret zu besetzenden Arbeitsplatz relevant ist, da Diskriminierung Behinderter verhindert werden muss

⚠ Im Hinblick auf das Diskriminierungsverbot in § 164 II SGB IX und § 7 I AGG ist eine Änderung der Rspr. zu erwarten.

(3) Frage nach der Schwangerschaft

– ursprünglich hielt BAG Frage für uneingeschränkt zulässig

– seit Inkrafttreten des Diskriminierungsverbots gem. § 611 a I BGB a.F. (jetzt § 7 I AGG) hielt BAG Frage grds. für unzulässig, es sei denn, Schwangere kann oder darf die Tätigkeit wegen ihrer Schwangerschaft nicht ausüben

– nach BAG-Rspr. ist die Frage **bei unbefristeten Arbeitsverhältnissen** prinzipiell **unzulässig**

– nach **EuGH-Rspr. generell unzulässig** – auch bei befristeten ArbV

Mängel des Arbeitsvertrags (4)

III. Anfechtung (Fortsetzung)

3. Anfechtungsfrist

- Anfechtung gem. § 119 BGB und § 120 BGB muss unverzüglich erfolgen, vgl. § 121 BGB. Analog § 626 II BGB bildet dabei eine Frist von 2 Wochen die Obergrenze für die Unverzüglichkeit i.S.v. § 121 BGB.

  (arg.: unverzüglich = unbestimmter Rechtsbegriff)
- Anfechtung gem. § 123 BGB ⇨ ein Jahr gem. § 124 BGB

4. kein Ausschluss

Anfechtungsgrund kann gem. § 242 BGB verwirkt sein, wenn der Anfechtungsgrund im Zeitpunkt der Anfechtungserklärung seine Bedeutung für das Arbeitsverhältnis verloren hat.

☞ Der AN kann die von ihm beim Abschluss des Arbeitsvertrags verschwiegene Verurteilung zu einer Freiheitsstrafe als Freigänger ableisten.

5. Rechtsfolge der Anfechtung

- grundsätzlich ex-tunc, § 142 I BGB
- **Ausnahme:** ex-nunc, wenn Arbeitsverhältnis in Vollzug gesetzt (arg.: Rückabwicklung nach §§ 812 ff. BGB unbillig; zudem würden ansonsten die Lohnschutzregeln zugunsten des AN nicht eingreifen)
- **Gegenausnahme:** Arbeitsverhältnis wieder außer Vollzug gesetzt, dann Rückwirkung auf den Zeitpunkt der Außervollzugsetzung

Pflichten des Arbeitgebers (1)

Lohnzahlungspflicht

- **Hauptpflicht** des AG aus § 611a II BGB
- steht im Gegenseitigkeitsverhältnis (§§ 320 ff. BGB) zur Arbeitspflicht des AN
- grds. nur für geleistete Arbeit
  ⚠ Sonderregeln „Lohn ohne Arbeit"; vgl. 24 ff.
- **Vergütungshöhe** ergibt sich i.d.R. aus Arbeits- oder Tarifvertrag, sonst aus § 612 BGB
  ⚠ Gem. § 1 MiLoG gilt seit 01.01.2015 ein gesetzlicher Mindestlohn, dessen Höhe seit 01.07.2021 9,60 € pro Zeitstunde beträgt (von der „Ampel-Koalition" ist für 2022 eine Erhöhung des Mindestlohns auf 12 € vorgesehen)
- **Lohnschutz:**
  - Pfändungsschutz, §§ 850 ff. ZPO
  - soweit Lohnanspruch nicht pfändbar, sind Aufrechnung, Abtretung u. Verpfändung nicht möglich, §§ 394, 400, 1274 II BGB
  - bei Insolvenz des AG: §§ 38, 55 I Nr. 2 InsO
- **bei Verletzung**
  - Klage auf Erfüllung
  - Zurückbehaltungsrecht gem. § 320 BGB (a.A.: § 273 BGB)
  - Schadensersatzanspruch gem. §§ 280 I, II, 286 BGB
  - fristlose Kündigung, § 626 BGB

Fürsorgepflicht

- **allgemeine Grundlage**
  §§ 241 II, 242 BGB, besondere Ausprägung in vielen Einzelnormen, z.B. § 618 BGB
- **Inhalt:** Verpflichtung des AG, sich für das Wohl des AN einzusetzen und alles zu unterlassen, was dessen Interessen schaden könnte
- bei **Verletzung**
  - Klage auf Erfüllung
  - Schadensersatzanspruch aus § 280 I BGB, §§ 823 ff. BGB
  - Zurückbehaltungsrecht gem. § 273 BGB

Pflichten des Arbeitgebers (2)

Beschäftigungspflicht

- **Herleitung** aus §§ 611, 242 BGB; Art. 1, 2 GG
  AN ist daran interessiert, sich am Arbeitsplatz zu entfalten, seine Leistungsfähigkeit zu erhalten und sich fortzubilden
- **Anspruch entfällt** aus wichtigem Grund:
  - wirtschaftlich sinnlos, z.B. Auftragsmangel
  - sonst nicht zumutbar, z.B. Klärung eines Straftatverdachts
- **bei Verletzung:**
  - Klage auf Erfüllung
  - in Eilfällen Antrag auf Erlass einstweiliger Verfügung, §§ 935, 940 ZPO

Exkurs: Weiterbeschäftigungsanspruch während eines laufenden Kündigungsschutzprozesses:

- **kraft Gesetzes** gem. § 102 V BetrVG
- **nach BAG** gem. §§ 611a I, 242 BGB
  - bei offensichtlich unwirksamer Kündigung, z.B. keine Anhörung des Betriebsrats
  - ab obsiegendem Urteil zugunsten des AN

  (a.A. lehnt BAG-Rspr. als unzulässige richterliche Rechtsfortbildung ab)

Gleichbehandlungspflicht

- **gesetzliche** Gleichbehandlungspflicht:
  z.B. Art. 157 AEUV, § 612 a BGB, § 164 II SGB IX, §§ 7 I, 16 AGG
- **allgemeiner** arbeitsrechtlicher Gleichbehandlungsgrundsatz, vgl. 🗗 7
- bei **Verletzung:**
  - Klage auf positives Tun oder Unterlassen
  - bei § 7 I AGG, § 164 II SGB IX: Entschädigung

Pflichten des Arbeitnehmers (1)

I. Arbeitspflicht

- **Hauptpflicht** des AN aus § 611a I 1 BGB, steht im Gegenseitigkeitsverhältnis (§§ 320 ff. BGB) zur Vergütungspflicht des AG
- grds. „persönliche“ Arbeitspflicht, § 613 S. 1 BGB
- AN ist vorleistungspflichtig, § 614 BGB
- **Inhalt:** aus Arbeitsvertrag; konkretisiert durch Direktionsrecht des AG (vgl. 🗗 7), Betriebsvereinbarung, Tarifvertrag, Gesetz
- Anspruch auf Arbeitsleistung ist **einklagbar**, aber **nicht vollstreckbar**, § 888 III ZPO
- **bei Verletzung**

(1) Nichtleistung

- Arbeitspflicht hat nach ganz h.M. **absoluten Fixschuldcharakter**, d.h. Nichtleistung der Arbeit führt i.d.R. zur **Unmöglichkeit** für die Vergangenheit
  ⇨ AN wird von seiner Arbeitspflicht frei, § 275 BGB
  ⇨ AN verliert grds. seinen Lohnanspruch, §§ 326 I 1, 614 BGB;
  Ausnahme: Sonderregeln „Lohn ohne Arbeit“, vgl. 🗗 24 ff.
- Schadensersatzanspruch aus §§ 280 I, III, 283 BGB
  Problem: Schaden des AG?
  ⇨ Mehrkosten für Ersatzkraft
  ⇨ evtl. entgangener Gewinn, § 252 BGB – aber schwer nachzuweisen
  ⇨ **Inseratskosten bei Neubesetzung** der Stelle **nicht ersatzfähig**, da diese auch entstanden wären, wenn AN sich rechtmäßig verhalten hätte (Einwand des rechtmäßigen Alternativverhaltens)
- evtl. Zurückbehaltungsrecht aus § 320 BGB
- evtl. Kündigung

Pflichten des Arbeitnehmers (2)

I. Arbeitspflicht (Fortsetzung)

- **bei Verletzung** (Fortsetzung)
  (2) Schlechtleistung
  - Schadensersatzanspruch aus § 280 I BGB
    ⚠ **§ 619 a BGB** – Verschulden des AN wird nicht vermutet
  ⇨ mit diesem Anspruch kann AG gegen den Lohnanspruch des AN bis zur Pfändungsfreigrenze aufrechnen, § 394 BGB, §§ 850 ff. ZPO
  - u.U. Kündigung

II. Treuepflicht

- **Herleitung** aus § 242 BGB
- **Inhalt**
  (1) Handlungspflichten
  - Anzeige drohender Schäden
  - Abwehr drohender Schäden
  - Pflicht zu Noteinsätzen
  - korrekte Angaben gegenüber AG

  (2) Unterlassungspflichten
  - Wettbewerbsverbot, §§ 60 ff. HGB
  - Verschwiegenheitspflicht, § 17 UWG
  - Schmiergeldverbot, vgl. auch § 299 I StGB
  - keine Verleitung anderer zum Vertragsbruch
- **bei Verletzung**
  - Klage auf Erfüllung
  - Schadensersatzanspruch aus § 280 I BGB, §§ 823 ff. BGB
    ⚠ Einschränkung der AN-Haftung, vgl. 🗗 27
  - evtl. Kündigung

Lohn ohne Arbeit (1)

Arbeits- und Lohnzahlungspflicht stehen im Gegenseitigkeitsverhältnis; zudem ist der AN vorleistungspflichtig, § 614 BGB

⇨ **Grundsatz:** „Ohne Arbeit kein Lohn"

⇨ **Ausnahme:** Sonderregeln „Lohn ohne Arbeit"

I. Annahmeverzug des AG, § 615 S. 1 i.V.m. § 611a BGB

1. Voraussetzungen

(1) wirksamer Arbeitsvertrag

(2) Annahmeverzug des AG gem. §§ 293 ff. BGB

- **erfüllbarer Anspruch auf Arbeitsleistung**
- **Angebot gem. §§ 294 ff. BGB**

  ⚠ nach unwirksamer Kündigung durch AG ist Angebot des AN gem. § 296 BGB entbehrlich, da AG durch Kündigung deutlich gemacht hat, dass er seine kalendermäßig bestimmte Mitwirkungshandlung (= Zurverfügungstellen eines funktionsfähigen Arbeitsplatzes) in Zukunft nicht mehr vornehmen wird, **h.M.** (a.A.: Entbehrlichkeit des Angebots folgt aus § 242 BGB)
- **AN zur Leistung bereit und imstande, § 297 BGB**

  (–) bei Krankheit des AN; **aber:** mit Genesung des AN tritt der Annahmeverzug des AG automatisch wieder ein, ohne dass es einer Anzeige seitens des AN bedarf (**arg.:** § 297 BGB ist eine objektive Einwendung zugunsten des Gläubigers – unabhängig von subjektiver Kenntnis)
- **Nichtannahme der Leistung durch AG, § 293 BGB**

2. Rechtsfolge

- Fortbestand des ursprünglichen Vergütungsanspruchs ohne Nachleistungspflicht, § 615 S. 1 BGB
- Anrechnung des anderweitig erzielten oder böswillig unterlassenen Zwischenverdienstes bzw. der bezogenen Sozialleistungen und der ersparten Aufwendungen, § 615 S. 2 BGB

Lohn ohne Arbeit (2)

II. Arbeitsverhinderung aus persönlichen Gründen, §§ 616, 611a BGB

1. Voraussetzungen

(1) wirksamer Arbeitsvertrag

(2) persönliches Arbeitshindernis: Verhinderungsgrund muss in der Person des AN liegen; er darf sich nicht auf größeren Personenkreis beziehen oder objektiv gegeben sein

☞ Pflege eines erkrankten Kindes, gerichtliche Vorladung, Eheschließung, seltene Familienfeiern

(3) vom AN unverschuldet: schuldhaft ist Arbeitsverhinderung nur bei grobem Abweichen von der Verhaltensweise, die ein vernünftiger AN in seinem eigenen Interesse einhält

(4) Verhinderungsdauer ist eine **verhältnismäßig nicht erhebliche Zeit:** maßgebend ist Verhältnis zur gesamten, auch voraussichtlichen Dauer des Arbeitsverhältnisses; selbst bei unbefristetem Arbeitsverhältnis nur wenige Tage bis zu einer Woche (evtl. zwei Wochen) unerheblich

2. Rechtsfolge

- Fortbestand des ursprünglichen Vergütungsanspruchs, § 616 S. 1 BGB
- Anrechnung erhaltener Versicherungsleistungen, § 616 S. 2 BGB

III. Krankheit des AN, § 3 I EFZG

1. Voraussetzungen

(1) wirksamer Arbeitsvertrag und Erfüllung der vierwöchigen Wartefrist gem. § 3 III EFZG

(2) Arbeitsverhinderung durch Arbeitsunfähigkeit infolge Krankheit

(3) kein Verschulden des AN = grobes Verschulden gegen sich selbst; s.o. bei § 616 BGB

(4) kein Leistungsverweigerungsrecht des AG gem. § 7 EFZG

2. Rechtsfolge: gesetzlicher Anspruch auf Fortzahlung der Vergütung, § 4 I EFZG; längstens für 6 Wochen

⚠ verursacht Dritter die Arbeitsunfähigkeit des AN ⇨ gem. § 6 I EFZG cessio legis der Ansprüche des AN gegen den Dritten auf den AG

Lohn ohne Arbeit (3)

IV. Betriebsrisikolehre, § 615 S. 3 BGB

- **Ursprünglich** von der Rspr. als selbstständige Anspruchsgrundlage entwickelt, da bei **unverschuldeten Betriebsstörungen** (z.B. Stromausfall) allgemeine Regeln des BGB keine ausreichende Lösung ermöglichten: stellt man bei Betriebsstörungen auf abstrakte Arbeitsfähigkeit des AN ab, gelangt man über § 615 BGB zum Lohnanspruch des AN; stellt man auf konkret im Betrieb zu erbringende Leistung ab, gelangt man über § 326 I 1 BGB zu keinem Lohnanspruch des AN
- **Heute** ist die Betriebsrisikolehre in § 615 S. 3 BGB gesetzlich verankert. Die Norm enthält allerdings keine Aussage darüber, in welchen Fällen der AG das Risiko des Arbeitsausfalls trägt, sondern verweist in erster Linie auf die Rechtsfolgen des § 615 S. 1 u. 2 BGB, sodass sich der Rechtsgrund für den Fortbestand des Vergütungsanspruchs nach wie vor aus der Betriebsrisikolehre ergibt.

1. Voraussetzungen

(1) **wirksamer Arbeitsvertrag**

(2) **Betriebsstörung:** Arbeitsvorgang selbst wird durch äußere Umstände, insbes. technische Störungen, beeinträchtigt (☞ Abbrennen/Überschwemmen der Betriebsstätte, Mangel an Energie oder Material)
abzugrenzen vom
- **Wegerisiko** ⇨ grds. vom AN zu tragen
- **Wirtschaftsrisiko:** es kann technisch gearbeitet werden, ist aber wirtschaftlich nicht sinnvoll (Absatzmangel); vom AG zu tragen (§ 615 S. 1 BGB)

(3) weder vom AG noch vom AN zu vertreten gem. §§ 276, 278 BGB

(4) keine Sonderregelung

2. Rechtsfolge

- grds. trägt AG Betriebsrisiko, weil er die Gewinne aus dem Betrieb zieht und das Risiko setzt ⇨ AN hat **Lohnanspruch aus § 615 S. 3 BGB i.V.m. Betriebsrisikolehre i.V.m. § 611a II BGB**
- **Ausnahme:**
  - Existenzgefährdung des Betriebs kann Lohnanspruch mindern/entfallen lassen
  - Sonderregeln zum Arbeitskampfrisiko, vgl. 🗗 48

Innerbetrieblicher Schadensausgleich (1)

I. Schädigung des AG durch betrieblich veranlasste Tätigkeit des AN

1. **Grds.** haftet der AN nach allgemeinen Regeln, d.h. er muss prinzipiell jeden von ihm verursachten Schaden voll ersetzen, wobei er gem. § 276 BGB für Vorsatz und jede Art der Fahrlässigkeit einzustehen hat.
2. **Einschränkung der AN-Haftung**
   - In Bezug auf Schäden, die der AN in Zusammenhang mit seiner Arbeitstätigkeit dem AG zufügt, wird die volle Ersatzpflicht des AN für unbillig gehalten.

     Gründe:

     (1) AG kann arbeitsspezifisches Risiko durch geeignete technische oder organisatorische Maßnahmen besser beherrschen als der AN und AG zieht die Gewinne aus der Arbeitstätigkeit

     (2) AN verursacht evtl. sehr hohe Schäden, durch deren Ersatz er wirtschaftlich ruiniert wäre; **Gefahr der Existenzvernichtung**

   a) dogmatische Herleitung der Haftungsbeschränkung
   - früher: aus Fürsorgepflicht des AG
   - **heute h.M.:** Gebot einer angemessenen Verteilung des Betriebsrisikos **(§ 254 BGB analog)**
     ⚠ daher in Klausurprüfung auf Rechtsfolgenseite erörtern
   - seit Änderung des § 276 I 1 BGB durch das SMG sehen Teile der Lit. diese Regelung als den dogmatischen Anknüpfungspunkt an *(„sonstiger Inhalt des Schuldverhältnisses")* und erörtern das Haftungsprivileg beim Verschulden

   b) Anwendungsbereich
   - früher: bei gefahrgeneigter Tätigkeit
   - heute h.Rspr., h.Lit.: **bei jeder betrieblich veranlassten Tätigkeit**
     ➲ Tätigkeit, die dem AN übertragen worden ist, oder die er im Interesse des Betriebs ausgeführt hat und die innerlich mit dem Betrieb zusammenhängt

Innerbetrieblicher Schadensausgleich (2)

I. Schädigung des AG durch betrieblich veranlasste Tätigkeit des AN (Fortsetzung)

c) Umfang der Haftungsbeschränkung

- bestimmt sich nach dem Verschuldensgrad, mit dem AN den Schaden verursacht hat:

Vorsatz, grobe Fahrlässigkeit	normale (= mittlere) Fahrlässigkeit	leichteste Fahrlässigkeit
▪ **Grds.: volle Haftung** des AN ▪ **Ausnahme:** bei grober Fahrlässigkeit evtl. Schadensquotelung, wenn deutliches Missverhältnis zwischen Verdienst des AN und Schadensrisiko, h.M.	▪ **Schadensteilung** zwischen AN und AG, analog § 254 BGB ▪ Abwägungskriterien: u.a. Schadenshöhe, Versicherbarkeit des Risikos, Gefahrgeneigtheit der Arbeit, bisheriges Verhalten des AN	▪ **keine Haftung des AN**

⚠ Abweichend von allgem. zivilrechtl. Regeln muss sich Verschulden (insbes. Vorsatz) bei der Haftungsprivilegierung des AN auch auf Schadenseintritt als solchen und nicht nur auf die Pflichtverletzung beziehen

⚠ Haftungsprivilegierung des AN greift nicht ein, wenn **gesetzlich vorgeschriebene Pflichtversicherung** besteht; eine freiwillige Versicherung wirkt sich dagegen nicht auf das Privileg aus

3. Mankohaftung des AN

➲ besondere Form der Haftung des AN für Vermögensschäden des AG; Manko = Differenz zwischen Soll- und Ist-Bestand eines dem AN anvertrauten Waren- oder Kassenbestandes

a) Haftung bei Mankoabrede: Mankoabrede wegen Vertragsfreiheit zulässig, wenn sie sinnvolle, den Besonderheiten des Betriebs und der Tätigkeit angepasste Beweislastverteilung oder verschuldensunabhängige AN-Haftung für Fehlbeträge enthält, die in seinem Arbeits-/Kontrollbereich entstehen

b) Haftung nach allgemeinen Regeln: bei schuldhafter Pflichtverletzung evtl. Ansprüche aus § 280 I BGB und §§ 823 ff. BGB

Innerbetrieblicher Schadensausgleich (3)

II. Schädigung eines Dritten durch betrieblich veranlasste Tätigkeit des AN

- Haftung des AN gem. §§ 823 ff. BGB
- nach h.M. **keine Haftungsbeschränkung** nach Grundsätzen der betrieblich veranlassten Tätigkeit (arg.: Dritter profitiert weder vom Arbeitserfolg noch kann er arbeitsspezifische Risiken steuern)
- **aber:** AN hat gegen AG in dem Umfang, in dem er diesem gegenüber nicht schadensersatzpflichtig wäre, wenn AG selbst der Geschädigte wäre, **einen Freistellungsanspruch analog § 670 BGB i.V.m. § 257 BGB bzw. einen Ersatzanspruch analog § 670 BGB**

  ⚠ Haftet AG auch ggü. dem Dritten, ergibt sich der Ausgleichsanspruch im Innenverhältnis aus § 426 BGB

III. Ansprüche des AN bei Arbeitsunfall

Sachschäden

- **kein Anspruch gegen Sozialversicherungsträger**
- **Anspruch gegen AG**
  - **Verschulden des AG**
    - **§ 280 I BGB**
    - **§§ 823 ff. BGB**
  - **ohne Verschulden des AG**

    § 670 BGB analog, wenn
    - Verwirklichung des tätigkeitsspezifischen Risikos (nicht allgemeines Lebensrisiko) **und**
    - Schaden nicht bereits durch Lohn oder Zulage abgedeckt
    - trifft AN ein Verschulden, gelten Grundsätze der betrieblich veranlassten Tätigkeit entsprechend
- **Anspruch gegen Arbeitskollegen**
  - **§§ 823 ff. BGB**

Innerbetrieblicher Schadensausgleich (4)

III. Ansprüche des AN bei Arbeitsunfall (Fortsetzung)

Personenschäden

Anspruch gegen Sozialversicherungsträger
- **SGB VII**

Anspruch gegen AG
- **§ 280 I BGB**
- **§§ 823 ff. BGB**

Anspruch gegen Arbeitskollegen
- **§§ 823 ff. BGB**

Ausschluss gem. § 104 SGB VII,

es sei denn, AG handelt vorsätzlich oder Wegeunfall gem. § 8 II Nr. 1–4 SGB VII

- **Grund für Haftungsausschluss**
  - Wahrung des Betriebsfriedens
  - Verhinderung einer Doppelinanspruchnahme des AG, der allein die Beiträge für die gesetzliche Unfallversicherung trägt

⚠ **Merke:** § 104 SGB VII greift auch bei Schmerzensgeldansprüchen gegen AG, obwohl AN von Sozialversicherung kein Schmerzensgeld erhält (ganz h.M.)
arg.: – Betriebsfrieden
– Nachteil für AN hinnehmbar, da er im Übrigen Vorteil erhält: Anspruch gegen solvente Sozialversicherung wegen materieller Personenschäden

Ausschluss gem. § 105 SGB VII,

es sei denn, Arbeitskollege handelt vorsätzlich oder Wegeunfall gem. § 8 II Nr. 1–4 SGB VII

- **Grund für Haftungsausschluss**
  - Betriebsfrieden
  - Absicherung des § 104 SGB VII: würde Arbeitskollege haften, könnte er AG analog § 670 BGB in Anspruch nehmen
    ⇨ damit wäre Privileg des AG aus § 104 SGB VII unterlaufen

⚠ Hat neben AG/Arbeitskollege ein Dritter den AN geschädigt ⇨ **Problem: gestörte Gesamtschuld**

Beendigung des Arbeitsverhältnisses – Überblick

I. Vereinbarte Beendigung

- Befristungsablauf
- Eintritt der auflösenden Beendigung
- Aufhebungsvertrag

II. Einseitige Beendigung

- Kündigung
- Anfechtung
- Lossagung vom faktischen Arbeitsverhältnis
- Lossagung nach erfolgreichem KSch-Prozess
- Lösende Aussperrung

III. Sonstige Beendigungstatbestände

- Tod des AN
- Auflösung durch ArbG
- Vorläufige Einstellung ohne BR-Zustimmung (str.)

⚠ **Keine Beendigungsgründe sind:**

- Tod des AG
- Veräußerung des Betriebs
- Insolvenz des AG

Ordentliche Kündigung (1)

I. Unbefristetes Arbeitsverhältnis

- bei befristeten Arbeitsverhältnissen ist nur außerordentliche Kündigung möglich, es sei denn, die Möglichkeit der ordentlichen Kündigung ist vereinbart, § 15 III TzBfG

II. Ordnungsgemäße Kündigungserklärung

1. **Inhalt:** aus Willenserklärung muss **eindeutig** für Empfänger erkennbar sein, dass Arbeitsverhältnis zu einem bestimmten Zeitpunkt beendet werden soll
2. **Wirksamkeit** gem. §§ 104 ff. BGB: ⚠ bei Stellvertretung § 174 BGB
3. **Form:** gem. **§ 623 BGB Schriftform**, zwingende Formvorschrift

III. Ordnungsgemäße vorherige Anhörung des Betriebsrats, § 102 BetrVG

- bei unterbliebener/inkorrekter Anhörung ist Kündigung unwirksam, § 102 I 3 BetrVG
- AG muss Betriebsrat zumindest informieren über: Personalien des AN, Art der Kündigung, Kündigungstermin, -frist und -gründe

IV. Besonderer Kündigungsschutz

- Schwangere, § 17 MuSchG
- Betriebsräte, § 15 KSchG
- Auszubildende, § 22 BBiG
- AN in Familienpflegezeit, § 2 III FPfZG i.V.m. § 5 PflegeZG
- Schwerbehinderte, §§ 168 ff. SGB IX
- Erziehungsurlaubsberechtigte, § 18 BEEG
- AN in der Pflegezeit, § 5 PflegeZG

Ordentliche Kündigung (2)

V. Allgemeiner Kündigungsschutz nach Kündigungsschutzgesetz

1. Kündigungsschutzgesetz anwendbar?

- Arbeitsverhältnis bestand länger als sechs Monate
- im Betrieb i.d.R. mehr als fünf AN, § 23 I 2 KSchG; bei Neueinstellung ab 01.01.2004 i.d.R. mehr als 10 AN, § 23 I 3 KSchG

2. Kündigung unwirksam, wenn sozial ungerechtfertigt, § 1 I KSchG

a) Kündigung gem. § 1 II 1 KSchG sozial ungerechtfertigt, es sei denn

personenbedingt	**verhaltensbedingt**	**betriebsbedingt**
= Umstände, an denen AN ad hoc nichts ändern kann, selbst wenn er wollte, z.B. Krankheit	= Umstände, die AN ad hoc ändern könnte, wenn er wollte, z.B. Arbeitsverweigerung	z.B. Rationalisierung, Umstrukturierung, Betriebsstilllegung (freie AG-Entscheidung)

Interessenabwägung im Einzelfall unter Berücksichtigung des Verhältnismäßigkeitsgrundsatzes (Prognoseprinzip)

- Vorrang der Änderungskündigung vor der Beendigungskündigung
- bei verhaltensbedingter Kündigung grundsätzlich vorherige Abmahnung erforderlich

gem. § 1 III KSchG bei betriebsbedingter Kündigung Sozialauswahl, d.h. von vergleichbaren AN denjenigen auswählen, den Arbeitsplatzverlust am wenigsten hart trifft; **Kriterien seit 01.01.2004 festgelegt auf:** Betriebszugehörigkeitsdauer, Lebensalter, gesetzl. Unterhaltspflichten, Schwerbehinderung

b) § 1 II 2 u. 3 KSchG: absolute Sozialwidrigkeit, d.h. keine Interessenabwägung, wenn wirksamer Widerspruch des Betriebsrates

Ordentliche Kündigung (3)

VI. Allgemeine Unwirksamkeitsgründe, §§ 134, 138, 242 BGB

1. Kündigung darf nicht gegen **gesetzliche Verbote** i.S.v. § 134 BGB verstoßen, z.B. § 613 a IV BGB

2. Kündigung darf nicht **sittenwidrig** sein, § 138 BGB; z.B. Kündigung aus Rachsucht

3. Kündigung darf nicht treuwidrig sein, § 242 BGB

- **soweit KSchG anwendbar** ist, sind Grundsätze von Treu und Glauben dadurch konkretisiert
- **soweit KSchG nicht anwendbar** ist, z.B. bei Kleinbetrieben, bleibt § 242 BGB anwendbar
  - Anwendung des § 242 BGB darf nicht dazu führen, dass dem AG die Maßstäbe des KSchG auferlegt werden
  - aber verfassungsrechtl. Schutz des Arbeitsplatzes gebietet ein **gewisses Maß an Rücksichtnahme**; Kriterien: (1) keine willkürl. Kündigung (2) bei Auswahl unter mehreren AN Abwägung sozialer Aspekte (keine Sozialauswahl); (3) Berücksichtigung des durch langjährige Zusammenarbeit verdienten Vertrauens

VII. Einhaltung der Kündigungsfrist, § 622 BGB

Ordentliche Kündigung (4)

VIII. Evtl. Heilung der Rechtsunwirksamkeit gem. § 7 KSchG

(+), wenn dreiwöchige Klagefrist des § 4 S. 1 KSchG versäumt wurde und keine nachträgliche Zulassung gem. § 5 KSchG wegen unverschuldeter Fristversäumung

- Str., ob Verschulden des Rechtsanwalts dem AN zugerechnet werden kann
  - h.M./BAG (+) gem. § 46 II ArbGG i.V.m. § 85 II ZPO; zudem nicht unbillig, da AN gegen seinen Rechtsanwalt Schadensersatzansprüche wegen Pflichtverletzung des Anwaltsvertrags zustehen
  - a.A. (–), da KSchG selbst nicht auf § 85 II ZPO verweise

⚠ über § 7 KSchG wird jeder Unwirksamkeitsgrund geheilt – unabhängig von der Anwendbarkeit des KSchG in betrieblicher oder persönlicher Hinsicht, vgl. § 23 I 2, 3 KSchG; Ausnahme: fehlende Schriftform/Zugang/fehlende Zurechenbarkeit, z.B. Kündigung durch Vertreter ohne Vertretungsmacht, und Einhaltung der Kündigungsfrist, es sei denn, die nicht fristgerechte Kündigung lässt sich nicht als eine fristgemäße auslegen

Außerordentliche Kündigung (1)

I. Bestehendes Arbeitsverhältnis

- außerordentliche Kündigung ist sowohl bei unbefristeten als auch bei befristeten Arbeitsverhältnissen möglich; kann nicht durch ArbV oder TV ausgeschlossen werden

II. Ordnungsgemäße Kündigungserklärung

- **Inhalt:** – Kündigender muss **eindeutig** für Empfänger zum Ausdruck bringen, dass er das Arbeitsverhältnis ohne Einhaltung einer Kündigungsfrist beenden will
  – Angabe eines Kündigungsgrundes ist nicht erforderlich, vgl. § 626 II 3 BGB
- **Wirksamkeit** gem. §§ 104 ff. BGB: ⚠ bei Stellvertretung § 174 BGB
- **Form:** gem. **§ 623 BGB Schriftform**

III. Ordnungsgemäße vorherige Anhörung des Betriebsrats, § 102 BetrVG

- bei unterbliebener/inkorrekter Anhörung ist Kündigung unwirksam, § 102 I 3 BetrVG

IV. Besonderer Kündigungsschutz, z.B.

- Schwangere, § 17 MuSchG
- Schwerbehinderte, §§ 168, 174 SGB X
- Betriebsräte, § 103 BetrVG

V. Allgemeine Unwirksamkeitsgründe, §§ 134, 138 BGB

Außerordentliche Kündigung (2)

VI. Voraussetzungen des § 626 BGB

1. **wichtiger Grund gem. § 626 I BGB** = Unzumutbarkeit der Fortsetzung des Arbeitsverhältnisses (abgestufte Prüfung in zwei Schritten)

   a) **1. Stufe:** Sachverhalt, der ohne die besonderen Umstände des Einzelfalls **an sich geeignet** ist, einen wichtigen Grund i.S.v. § 626 I BGB darzustellen

   ☞ beharrliche Arbeitsverweigerung, Schmiergeldannahme, Straftatverdacht (sog. Verdachtskündigung)

   wenn (+)

   b) **2. Stufe: Interessenabwägung im Einzelfall** unter Berücksichtigung der Verhältnismäßigkeit

   - außerordentliche Kündigung nur als ultima ratio, daher unzulässig, wenn milderes Mittel besteht, z.B. ordentliche Kündigung, Versetzung, Abmahnung
   - bei Verdachtskündigung strenge Anforderungen: dringender Tatverdacht bzgl. schwerwiegender Straftat objektiv durch Tatsachen begründet, zudem Anhörung des AN

     ⚠ Tatverdacht darf bis zum Schluss der letzten mündlichen Verhandlung nicht ausgeräumt sein!

2. **Kündigungserklärungsfrist gem. § 626 II BGB**

   - **Ausschlussfrist** von zwei Wochen, § 626 II 1 BGB
   - **Fristbeginn:** Kenntnis von den für die Kündigung maßgebenden Tatsachen, § 626 II 2 BGB; Lauf gehemmt, solange AG Maßnahmen zur notwendigen Sachverhaltsaufklärung vornimmt (gebotene Eile) oder Ermittlungen anderer Stellen abwartet (z.B. Strafverfahren)

Außerordentliche Kündigung (3)

VII. Evtl. Heilung der Rechtsunwirksamkeit gem. § 7 KSchG i.V.m. § 13 I 2 KSchG

(+), wenn dreiwöchige Klagefrist des § 4 S. 1 KSchG versäumt wurde und keine nachträgliche Zulassung gem. § 5 KSchG

⚠ Gilt für jeden Unwirksamkeitsgrund unabhängig von Anwendbarkeit des KSchG in betrieblicher oder persönlicher Hinsicht, vgl. § 23 I 2, 3 KSchG; **Ausn.:** fehlende Schriftform/Zugang/fehlende Zurechenbarkeit

VIII. Umdeutung einer unwirksamen außerordentlichen Kündigung in eine wirksame ordentliche Kündigung, § 140 BGB

- **Voraussetzungen für eine Umdeutung gem. § 140 BGB**

  (1) unwirksames Rechtsgeschäft
  = unwirksame außerordentliche Kündigung

  (2) Umdeutungswille
  = hätte Kündigender bei Kenntnis der Unwirksamkeit der außerordentlichen Kündigung den Willen gehabt, die Kündigung als ordentliche aufrecht zu erhalten
  ⇨ nach h.M. im Zweifel (+)

  (3) Umdeutungswille für Kündigungsempfänger im Zeitpunkt des Kündigungszugangs erkennbar

  (4) unwirksame außerordentliche Kündigung ist als ordentliche Kündigung wirksam
  = Wirksamkeitsvoraussetzungen der ordentlichen Kündigung sind erfüllt
  ⚠ Umdeutung scheitert in Klausuren oftmals an fehlender BR-Anhörung zur ordentlichen Kündigung. In der Praxis erfolgt die Anhörung üblicherweise sowohl zur außerordentlichen Kündigung als auch hilfsweise zur ordentlichen Kündigung.

Kündigungsschutzklage gem. § 4 S. 1 KSchG

I. Klageart

- KSch-Klage ist eine Feststellungsklage
- Im Unterschied zur allgemeinen Feststellungsklage gem. § 256 ZPO ist kein besonderes Feststellungsinteresse erforderlich
- Gegenstand der KSch-Klage ist nur die Wirksamkeit der im Antrag näher bezeichneten Kündigung (punktueller Streitgegenstand)
  - ⇨ AN beantragt die Feststellung, dass das Arbeitsverhältnis durch die Kündigung vom ... nicht aufgelöst worden ist

II. Geltungsbereich

- AN muss grds. gegen jede (ordentliche oder außerordentliche) Kündigung des AG KSch-Klage gem. § 4 S. 1 KSchG erheben
  - unabhängig von Betriebsgröße, vgl. § 23 I 2, 3 KSchG
  - unabhängig von Beschäftigungsdauer (arg.: Sinn der Neuregelung des KSchG war Schaffung einer einheitlichen Klagefrist)
- Ausnahme: allgemeine Feststellungsklage gem. § 46 II ArbGG i.V.m. § 256 ZPO
  - AN rügt lediglich Zugang/Schriftform/Zurechenbarkeit der Kündigung
  - AN rügt lediglich Nichteinhaltung der Kündigungsfrist
    - ⇨ es sei denn, die nicht fristgerechte Kündigung lässt sich ausnahmsweise nicht als fristgemäße Kündigung auslegen: Kündigung ist unwirksam; AN muss KSch-Klage gem. § 4 S. 1 KSchG erheben

Sonstige Beendigungsgründe (1)

I. Befristungsablauf

1. Zulässigkeit befristeter Arbeitsverhältnisse

a) Grundsatz

- Befristung ist nur bei **Vorliegen eines sachlichen Grundes** zulässig, § 14 I 1 TzBfG

b) Ausnahmen

- kalendermäßige Befristung ohne sachlichen Grund bis zur Dauer von 2 Jahren zulässig, ebenso eine höchstens dreimalige Verlängerung bis zur Gesamtdauer von 2 Jahren, § 14 II TzBfG
  ⚠ „Zuvor"-Beschäftigung i.S.v. § 14 II 2 TzBfG steht sachgrundloser Befristung nicht entgegen, wenn keine Gefahr einer Kettenbefristung besteht – z.B., wenn Vorbeschäftigung sehr lange zurückliegt, geringfügig oder ganz anders war
- Befristung ohne sachlichen Grund (bis zur Dauer von 5 Jahren) zulässig, wenn AN bei Beginn des befristeten ArbV das 52. Lebensjahr vollendet hat u. AN unmittelbar vorher mind. 4 Monate beschäftigungslos i.S.d. § 138 I Nr. 1 SGB III gewesen ist, Transferkurzarbeitergeld bezogen oder an einer öffentlich geförderten Beschäftigungsmaßnahme nach SGB II oder SGB III teilgenommen hat, § 14 III TzBfG

2. Form: gem. § 14 IV TzBfG bedarf Befristung der **Schriftform**

3. Folgen unwirksamer Befristung

- bei unwirksamer Befristung gilt ArbV als auf unbestimmte Zeit geschlossen, § 16 TzBfG
  ⚠ für gerichtliche Geltendmachung der Rechtsunwirksamkeit der Befristung gilt gem. § 17 TzBfG eine 3-Wochenfrist ab vereinbartem Ende des befristeten ArbV

4. Beendigung des befristeten Arbeitsverhältnisses

- außerordentliche Kündigung ist möglich, ordentliche nur bei Vereinbarung, § 15 III TzBfG
- sonst Beendigung durch Fristablauf oder Zweckerreichung, § 15 I, II TzBfG
  ⚠ bei Fortsetzung des Arbeitsverhältnisses nach Fristablauf oder Zweckerreichung gilt ArbV als auf unbestimmte Zeit verlängert, § 15 V TzBfG

Sonstige Beendigungsgründe (2)

II. Aufhebungsvertrag, §§ 241, 311 BGB

1. Zustandekommen

- wegen Vertragsfreiheit grds. zulässig; Schriftform erforderlich, § 623 BGB; i.Ü. gelten §§ 104 ff. BGB; insbes. muss Aufhebungsvertrag frei von Willensmängeln zustande gekommen sein
  ⚠ **Anfechtung wegen Drohung mit einer Kündigung, § 123 BGB** ⇨ Drohung ist widerrechtlich, wenn verständiger AG die in Aussicht gestellte Kündigung nicht ernsthaft in Erwägung gezogen hätte

2. Beseitigung

- Widerruf, Rücktritt (+), wenn Widerrufsvorbehalt oder Rücktrittsrecht vereinbart
- nach h.M. kein Widerrufsrecht des AN gem. §§ 355, 312 g I BGB, da §§ 312 ff. BGB nach BAG auf Aufhebungsverträge systematisch nicht anwendbar sind. Bei „Überrumpelungssituation" ist Aufhebungsvertrag wegen Verstoßes gegen „Gebot des fairen Verhandelns" nach BAG unwirksam.

III. Änderungskündigung

➲ Kündigung des AG unter aufschiebender Bedingung, dass AN vorgeschlagene Vertragsänderung ablehnt oder unbedingte Kündigung mit Angebot, Arbeitsverhältnis zu geänderten Bedingungen fortzusetzen

- **Reaktionsmöglichkeiten des AN**

Vorbehaltlose Annahme des Änderungsangebots	Ablehnung des Angebots und Erhebung einer KSch-Klage	Annahme unter Vorbehalt, dass Änderungskündigung nicht sozialwidrig, § 2 S. 1 KSchG, und Erhebung einer KSch-Klage
▪ neues Arbeitsverhältnis	▪ bei Erfolg der KSch-Klage bleibt ArbV bestehen ▪ sonst ArbV beendet	▪ bei Erfolg der KSch-Klage bleibt bisheriges ArbV bestehen ▪ sonst entfällt Vorbehalt und Fortsetzung zu geänderten Bedingungen

Wechsel des Betriebsinhabers, § 613 a BGB (1)

I. Zweck des § 613 a BGB

Schutz bestehender Arbeitsplätze	Sicherung der Mitwirkungsrechte des Betriebsrats	Regelung der Haftung des alten und neuen Inhabers

II. Voraussetzungen

1. Übergang eines Betriebs oder Betriebsteils

- Betriebsübergang setzt **Wahrung der Identität der betreffenden wirtschaftlichen Einheit** voraus
- **wirtschaftliche Einheit** ➲ organisierte Gesamtheit von Personen oder Sachen zur auf Dauer angelegten Ausübung einer wirtschaftlichen Tätigkeit mit eigener Zielsetzung
- **Aspekte für Übergang** sind je nach Art des Betriebs z.B. Übernahme der Betriebsmittel, Belegschaft und Kundschaft, Ähnlichkeit der Tätigkeit, Dauer der Unterbrechung; maßgeblich ist Gesamtbetrachtung
- **reine Funktionsnachfolge** (= Übernahme einzelner Aufgaben durch neues Unternehmen) reicht **nicht**
- **maßgeblicher Zeitpunkt:** wenn Erwerber rechtlich nicht mehr gehindert ist, die Leitungs- und Organisationsgewalt auszuüben

2. Rechtsgeschäft

- alle Fälle der Einzelrechtsnachfolge; dient der Abgrenzung zur Gesamtrechtsnachfolge
- Wirksamkeit des Rechtsgeschäfts ist keine zwingende Voraussetzung, da es um den Schutz der AN geht, die auf die Wirksamkeit eines Vertrags keinen Einfluss haben

3. bestehendes Arbeitsverhältnis

auch faktische oder gekündigte Arbeitsverhältnisse, falls noch nicht beendet

Wechsel des Betriebsinhabers, § 613 a BGB (2)

III. Rechtsfolge

Erwerber	bisheriger AG	AN
Eintritt in die Rechte und Pflichten aus dem Arbeitsverhältnis	▪ Verlust aller Rechte aus dem Arbeitsverhältnis ▪ Weiterhaftung für bis zum Betriebsübergang entstandene Pflichten, § 613 a II BGB	▪ erhält neuen AG (Ausnahme von § 613 S. 2 BGB) ▪ keine Unterbrechung der Betriebszugehörigkeit (wichtig u.a. für Kündigungsfristen)

IV. Einzelprobleme

1. Widerspruchsrecht des AN

- AN kann dem Übergang seines Arbeitsverhältnisses innerhalb eines Monats nach Zugang der Unterrichtung über den Betriebsübergang widersprechen, § 613 a VI 1 BGB
- übt AN sein Widerspruchsrecht aus, bleibt sein Arbeitsverhältnis zum alten AG bestehen
- **häufige Folge:** betriebsbedingte Kündigung des AG zulasten des widersprechenden AN; nach geänderter BAG-Rspr. kann sich AN generell auf eine mangelhafte Sozialauswahl (§ 1 III KSchG) berufen; dies war nach bisheriger Rspr. nur zulässig, wenn ein sachlicher Grund für Widerspruch bestand

2. Kündigungsschutz

- Kündigungen aus **Anlass eines Betriebsübergangs** sind gem. § 613 a IV 1 BGB **unwirksam**
- nach h.M. ist dies ein **selbstständiger Unwirksamkeitsgrund**, d.h., er ist außerhalb der Sozialwidrigkeit nach KSchG zu prüfen, d.h. unabhängig von Anwendbarkeit des KSchG
  ⚠ AN muss aber 3-Wochenfrist des § 4 S. 1 KSchG einhalten, sonst Heilung über § 7 KSchG
- Kündigungsrecht im Übrigen bleibt unberührt, § 613 a IV 2 BGB

Tarifvertragsrecht (1)

I. Begriff

Tarifvertrag (= TV) ist ein Vertrag zwischen einer Gewerkschaft und einer AG-Vereinigung oder einzelnem AG zur Regelung von Rechten und Pflichten der Vertragsparteien sowie zur Festsetzung von Rechtsnormen

II. Wirksamkeitsvoraussetzungen eines Tarifvertrags

1. **Vertrag:** für das Zustandekommen gelten §§ 145 ff., 164 ff. BGB
2. **Tariffähigkeit der Vertragsparteien, § 2 TVG**
   - auf AN-Seite: Gewerkschaft
   - auf AG-Seite: Vereinigungen von AG oder einzelner AG
3. **Schriftform, § 1 II TVG** (⇨ § 126 BGB)
4. **Tarifzuständigkeit** der beteiligten Vertragspartner (ergibt sich aus jeweiliger Satzung)
5. **zulässiger Inhalt des Tarifvertrags:** Regelungen müssen der Wahrung und Förderung der Arbeits- und Wirtschaftsbedingungen dienen, Art. 9 III 1 GG, §§ 1, 4 I TVG und kein Verstoß gegen höherrangiges Recht (EU-Recht, GG, zwingende Gesetze; vgl. 🗗 5)

III. Prüfungsschema für Anspruch aus Tarifvertrag

1. **wirksamer Arbeitsvertrag**
2. **Anwendbarkeit des Tarifvertrags** auf dieses Arbeitsverhältnis
   – persönlich – sachlich – zeitlich
3. **Voraussetzungen der anspruchsbegründenden Norm**
4. **Wirksamkeit des Tarifvertrags**

Tarifvertragsrecht (2)

IV. Inhalt des Tarifvertrags, § 1 TVG

Schuldrechtlicher Teil

➲ Rechte und Pflichten der TV-Parteien, insbes.:

- **Friedenspflicht**
  - **relative:** kein Arbeitskampf während Laufzeit des TV zur Änderung der dort festgelegten Arbeitsbedingungen (ungeschriebener Bestandteil jedes TV)
  - **absolute:** während Laufzeit des TV jegl. Arbeitskampf verboten (muss vereinbart werden)
- **Durchführungspflicht:** alles unterlassen, was Vertragserfüllung gefährden könnte und auf Mitglieder einwirken, sich tarifgemäß zu verhalten

Rechtsfolge:

- Bindung nur für TV-Parteien
- **bei Verletzung:** Klage auf Erfüllung, Schadensersatz aus § 280 I BGB, Kündigung TV aus wichtigem Grund

Normativer Teil

➲ Rechtsnormen, die Inhalt, Abschluss und Beendigung von Arbeitsverhältnissen sowie betriebl. und betriebsverfassungsrechtl. Fragen ordnen

- **Inhaltsnormen:** z.B. Lohnhöhe, Urlaub, Zulage
- **Abschlussnormen:** z.B. Formvorschriften
- **Beendigungsnormen:** z.B. Befristung
- **Betriebsnormen:** z.B. Torkontrolle

Rechtsfolge:

- gem. § 4 I TVG **unmittelbare** und **zwingende Wirkung**
- **Ausnahme** gem. § 4 III TVG
  - Öffnungsklausel
  - Günstigkeitsprinzip: Günstigkeitsvergleich TV/ArbV durch sog. „Gruppenvergleich"

V. Tarifgebundenheit

persönlich

- § 3 I TVG: Mitglieder der TV-Parteien und AG, der selbst Partei des TV ist
- grds. beiderseitige Tarifgebundenheit erforderlich, § 4 I TVG
- Ausnahme: § 3 II; § 5 TVG

zeitlich

- § 3 III TVG: bis TV endet
- § 4 V TVG: nach Ablauf Nachwirkung, aber keine zwingende Wirkung

räumlich

- für gesamtes TV-Gebiet
- Beschränkung auf Teile zulässig

Arbeitskampfrecht (1)

I. Allgemein

- Ziel des Arbeitskampfes = Abschluss von Tarifverträgen
- Arbeitskampfmittel: auf AN-Seite der Streik, auf AG-Seite die (Abwehr-)Aussperrung
- verfassungsrechtliche Garantie aus Art. 9 III GG; sonst keine gesetzlichen Regelungen

II. Streik

➲ planmäßige Arbeitsniederlegung durch größere Anzahl von AN zur Erreichung eines bestimmten Ziels

1. Rechtmäßigkeitsvoraussetzungen

(1) Wahrung der Friedenspflicht (vgl. 🗗 45)
(2) tarifvertraglich regelbares Ziel, vgl. § 1 I TVG
(3) gewerkschaftliche Organisation, d.h. von Gewerkschaft ausgerufen oder zumindest nachträglich übernommen, sonst „wilder Streik“
(4) Verhältnismäßigkeit: bzgl. „Ob“ = erst nach Scheitern der Verhandlungsmöglichkeiten; bzgl. „Wie“ = keine Beschädigungen, kein Abhalten Arbeitswilliger

2. Rechtsfolge

bei rechtmäßigem Streik	bei rechtswidrigem Streik
▪ Hauptpflichten suspendiert – keine Arbeitspflicht – keine Lohnzahlungspflicht ▪ Ausnahme: Notstandsarbeiten	▪ Hauptpflichten nicht suspendiert ⇨ Streikende verletzen Arbeitspflicht ▪ SE-Anspruch aus §§ 280 I, III, 283, 823 I BGB ▪ Unterlassungsanspruch analog § 1004 I 2 BGB ▪ fristlose Kündigung, § 626 BGB

Arbeitskampfrecht (2)

III. (Abwehr-)Aussperrung

➲ planmäßige Nichtzulassung einer Mehrzahl von AN zur Arbeit zwecks Brechung des Streiks durch Ausweitung des Kampfrahmens

1. Rechtmäßigkeitsvoraussetzungen

(1) Streik (unerheblich, ob rechtmäßiger oder rechtswidriger Streik)

(2) keine sachfremden Ziele: tarifvertraglich regelbar, vgl. § 1 I TVG

(3) Organisation durch AG-Verband, d.h. ausgerufen oder zumindest nachträglich übernommen
Ausnahme: Firmentarifkampf

(4) Verhältnismäßigkeit: bzgl. „Ob" und „Wie"

2. Rechtsfolge

bei rechtmäßiger Aussperrung	bei rechtswidriger Aussperrung
▪ Hauptpflichten suspendiert – keine Arbeitspflicht – keine Lohnzahlungspflicht ▪ Sonderfall „lösende Aussperrung" (nur zulässig bei besonders langen und intensiven Streiks) – Arbeitsverhältnis ex nunc beendet – nach Ende des Arbeitskampfes Wiedereinstellungsanspruch nach billigem Ermessen	▪ Hauptpflichten sind nicht suspendiert ▪ AN hat Anspruch auf Weiterbeschäftigung ▪ Lohnanspruch für die Zeit der Nichtbeschäftigung aus §§ 615 S. 1, 611a II BGB

Arbeitskampfrisikoverteilung nach BAG

Unmittelbar bestreikter Betrieb

- **streikende** AN haben keinen Lohnanspruch
- **arbeitswillige** AN haben keinen Lohnanspruch, wenn ihre **Beschäftigung** für AG **unmöglich oder unzumutbar**

  Arg.: – Wahrung der Kampfparität: AG könnte bei einer Lohnzahlungspflicht seinerseits sehr leicht unter Druck gesetzt werden durch Bestreiken wichtiger Zuarbeiterpositionen ⇨ Störung des Verhandlungsgleichgewichts

  – für AN zumutbar, da sie i.d.R. vom erkämpften TV profitieren
- **arbeitswillige** AN, die nicht beschäftigt werden, obwohl dies **möglich und zumutbar** für den AG ist, haben Lohnanspruch aus §§ 615 S. 1, 611a II BGB

  Ausnahme: Stilllegung des Betriebs oder Betriebsteils für die Dauer des Streiks durch den AG

Mittelbar betroffener Betrieb – Fernwirkung –

- **Grundsatz:** Lohnrisiko nicht bei AN (keine Zwangssolidarisierung); ⇨ AN, die nicht beschäftigt werden können, haben Lohnanspruch aus § 615 S. 3 BGB i.V.m. Betriebsrisikolehre i.V.m. § 611 a II BGB
- **Ausnahme:** Störung des Verhandlungsgleichgewichts (generalisierende Betrachtungsweise)
  - Betrieb liegt im umkämpften Tarifgebiet oder gehört zumindest zum gemeinsamen Dachverband
  - derselbe Konzern

    ⇨ kein Lohnanspruch der AN, die nicht beschäftigt werden können
- **Gegenausnahme:** Lohnrisiko bei AG, wenn unternehmerische Fehldisposition

Betriebsverfassungsrecht (1)

I. Anwendungsbereich des BetrVG

Sachlicher Geltungsbereich

- alle Betriebe eines Trägers privaten Rechts mit i.d.R. 5 ständigen wahlberechtigten AN, von denen mindestens 3 wählbar sind, § 1 BetrVG
- **ausgenommen** sind
  - Verwaltungen, Betriebe eines Trägers des öffentlichen Rechts, § 130 BetrVG, dort gelten BPersVG/LPersVG
  - Religionsgemeinschaften, ihre karitativen/erzieherischen Einrichtungen, § 118 II BetrVG; evtl. Mitarbeitervertretungen
- **eingeschränkte Anwendung** auf Tendenzbetriebe, § 118 I BetrVG

Persönlicher Geltungsbereich

- AN i.S.v. § 5 I BetrVG
- keine Anwendung auf leitende Angestellte, § 5 III BetrVG; für sie gilt SprecherausschussG

Räumlicher Geltungsbereich

Territorialprinzip: Betriebe, die ihren Sitz in der Bundesrepublik haben, unterfallen dem BetrVG

II. Beteiligungsrechte des Betriebsrats

- soziale Angelegenheiten, §§ 87 ff. BetrVG
- personelle Angelegenheiten, §§ 92 ff. BetrVG
- Arbeitsplatzgestaltung, §§ 90 ff. BetrVG
- wirtschaftliche Angelegenheiten, §§ 106 ff. BetrVG

Mitwirkungsrechte

➲ Beteiligungsrechte, die Entscheidungsbefugnis des AG unberührt lassen:
InformationsR, z.B. § 80 II BetrVG; AnhörungsR, z.B. § 102 BetrVG; VorschlagsR, z.B. § 92 II BetrVG; BeratungsR, z.B. § 92 I BetrVG

Mitbestimmungsrechte

➲ Mitentscheidungskompetenz des Betriebsrats:
WiderspruchsR, z.B. § 102 III-V BetrVG;
ZustimmungsR, z.B. § 87 BetrVG;
InitiativR, z.B. § 92 II BetrVG

Betriebsverfassungsrecht (2)

III. Betriebsvereinbarung (BV)

1. Begriff
schriftliche Vereinbarung zwischen AG und Betriebsrat über Angelegenheiten, die zum Aufgabenbereich des Betriebsrats gehören

2. Arten

- **erzwingbare BV:** wenn Einigungsstelle (§ 76 BetrVG) fehlende Einigung zwischen AG und Betriebsrat ersetzen kann (wichtigster Fall: § 87 BetrVG)
- **freiwillige BV:** wenn Einigungsstelle fehlende Einigung nicht ersetzen kann, geregelt in § 88 BetrVG

3. Wirksamkeitsvoraussetzungen

- **Einigung** zwischen AG und Betriebsrat oder verbindlicher Spruch der Einigungsstelle
- **Schriftform**, § 77 II BetrVG, sonst Nichtigkeit gem. § 125 BGB
- **zulässiger Inhalt**
  - alle Gegenstände, die zum Aufgabenkreis des Betriebsrats gehören
  - kein Verstoß gegen höherrangiges Recht
  - ⚠ § 77 III BetrVG: Regelungssperre zum Schutz der Tarifautonomie
    Ausnahme: Öffnungsklausel

4. Wirkung

- unmittelbar und zwingend, § 77 I BetrVG
- Günstigkeitsprinzip, § 4 III TVG analog
- bei erzwingbarer BV Nachwirkung, § 77 VI BetrVG

Arbeitsgerichtsbarkeit

I. Aufbau: gem. § 1 ArbGG dreistufiger Aufbau

1. Instanz

ArbG, §§ 14–31 ArbGG
- Kammern: 1 Berufsrichter, 2 ehrenamtliche Richter, § 16 II ArbGG

↓

2. Instanz

LAG, §§ 33–39 ArbGG (= Berufungs-, Beschwerdeinstanz)
- Kammern: 1 Berufsrichter, 2 ehrenamtliche Richter, § 35 II ArbGG

↓

3. Instanz

BAG, §§ 40–45 ArbGG (= Revisions-, Rechtsbeschwerdeinstanz)
- Senate: 3 Berufsrichter, 2 ehrenamtliche Richter, § 41 II ArbGG

II. Verfahrensgrundsätze

- maßgeblich ist ArbGG, das aber – falls keine Sonderregeln bestehen – auf die ZPO verweist, vgl. §§ 46 II, 80 II ArbGG
- **Besonderheiten des arbeitsgerichtlichen Urteilsverfahrens**
  - **Kostenprivilegierung** gem. § 12 a ArbGG: in 1. Instanz trägt jeder seine Kosten selbst
  - vorweggeschalteter **Gütetermin** vor dem Vorsitzenden, § 54 ArbGG
  - **Ladungs-, Einlassungs- und Einspruchsfristen** betragen nur 1 Woche, §§ 47 I, 59 ArbGG
- **Besonderheiten des arbeitsgerichtlichen Beschlussverfahrens, §§ 80 ff. ArbGG** (für betriebsverfassungsrechtliche Fragen)
  - **Gütetermin** steht im **Ermessen** des Vorsitzenden, § 80 II 2 ArbGG
  - **Untersuchungsgrundsatz**, d.h. Sachverhalt wird von Amts wegen ermittelt, § 83 ArbGG

Zulässigkeit der Klage (1)

I. Rechtswegzuständigkeit

- ausschließliche Zuständigkeit der Arbeitsgerichte ist in ausführlichen Katalogen in §§ 2, 2 a ArbGG geregelt, insbes. Streitigkeiten zwischen AN und AG über Rechte und Pflichten aus dem Arbeitsverhältnis und über Bestand des Arbeitsverhältnisses, § 2 I Nr. 3 a, 3 b ArbGG
  ⚠ betrifft nicht sachliche Zuständigkeit, sondern **zulässigen Rechtsweg**
  ⇨ falls (–) Verweisung von Amts wegen, § 17 a II 1 GVG i.V.m. § 48 I ArbGG
- **Problem:** Reicht beim Streit über Vorliegen eines Arbeitsverhältnisses für Zulässigkeit der Klage die Rechtsansicht des Klägers oder ist Schlüssigkeit erforderlich?
- **Lösung nach BAG:**

„sic – non"-Fall	„et – et"-Fall	„aut – aut"-Fall
➲ wenn AN-Eigenschaft (–), ist Klage weder zulässig noch begründet (z.B. Urlaubsanspruch) ⇨ AN-Eigenschaft ist doppelt relevant	➲ wenn Anspruch sowohl nach arbeitsrechtlicher als auch nach zivilrechtlicher Norm begründet sein kann (z.B. außerordentl. Kündigung gem. § 626 BGB)	➲ wenn Anspruch entweder auf arbeitsrechtliche oder auf zivilrechtliche Norm gestützt werden kann (z.B. Vergütungsanspruch)

↓ („sic – non"-Fall)

- für Eröffnung des Rechtswegs in **Zulässigkeit** reicht **Rechtsansicht** des Klägers, er sei AN
- in **Begründetheit** erfolgt **Schlüssigkeitsprüfung**
  arg.: Verweisung an ZivilG bei fehlender AN-Eigenschaft nicht sinnvoll, da das dann zuständige Gericht aus demselben Grund die Klage als unbegründet abweisen wird

↓ („et – et"-Fall und „aut – aut"-Fall)

- bereits für **Zulässigkeit** ist **schlüssiger Vortrag** der AN-Eigenschaft erforderlich (str., ob bei streitigem Sachverhalt Beweisaufnahme erforderlich ist; BAG [+])
  arg.: Verweisung bei fehlender AN-Eigenschaft sinnvoll, da Klage vor Zivilgericht noch Erfolg haben kann

Zulässigkeit der Klage (2)

II. Ordnungsgemäße Klageerhebung

- §§ 253, 495 ZPO i.V.m. § 46 II ArbGG; insbes. bestimmter Antrag

III. Örtliche Zuständigkeit

- §§ 12 ff. ZPO i.V.m. § 46 II ArbGG
- § 48 I a ArbGG: besonderer Gerichtsstand des Arbeitsorts

IV. Statthafte Verfahrensart

- Urteilsverfahren, §§ 2, 46 ff. ArbGG
- Beschlussverfahren, §§ 2 a, 80 ff. ArbGG

V. Parteifähigkeit

- gem. § 50 ZPO i.V.m. § 46 II ArbGG ist parteifähig, wer **rechtsfähig** ist
  ⚠ **Erweiterung in § 10 ArbGG** für Gewerkschaften, AG-Vereinigungen, etc.

VI. Prozessfähigkeit

- gem. §§ 51, 52 ZPO i.V.m. § 46 II ArbGG ist prozessfähig, wer **geschäftsfähig** ist – ⚠ §§ 112, 113 BGB

VII. Postulationsfähigkeit

- vor **ArbG** können Parteien Rechtsstreit selbst führen oder sich vertreten lassen, § 11 I ArbGG
- vor **LAG** Vertretung durch Rechtsanwalt oder Verbandsvertreter, § 11 IV ArbGG
- vor **BAG** Vertretung durch Rechtsanwalt, § 11 IV ArbGG

Auswirkungen der Corona-Pandemie im ArbR (1)

A. Arbeitsleistung kann/darf wegen Corona nicht erbracht werden

I. AN hat sich mit Covid-19 angesteckt

1. Krankheitsbedingte Arbeitsunfähigkeit des AN infolge Corona-Infektion

Lohnanspruch aus § 3 I EFZG bis zur Dauer von 6 Wochen

Ausnahme: grobes Verschulden gegen sich selbst (☞ Teilnahme an Corona-Party), str. bei Corona-Infektion nach verweigerter Corona-Impfung

2. Ansteckungsgefahr wegen Corona-Infektion des AN

- Str., ob Corona-Infektion des AN = Arbeitsunfähigkeit i.S.v. § 3 I EFZG
  - M1 (+), da es für infizierten AN unzumutbar sei, den Arbeitsplatz aufzusuchen und dadurch die Kollegen zu gefährden
  - M2 (–), da Arbeitsunfähigkeit nicht unmittelbar aus der Infektion folge, sondern aus der vertraglichen Nebenpflicht resultiere, dem Arbeitsort zum Schutze der Kollegen fernzubleiben (§§ 618, 241 II BGB)
- Lohnanspruch des arbeitsfähigen, infizierten AN, der seine Tätigkeit nicht im Home-Office erbringen kann, kann sich aus § 616 S. 1 i.V.m. § 611 a II BGB ergeben. Dabei ist sehr str., ob die Verhinderungsdauer, die bei Corona-Infektion üblicherweise mindestens 2 Wochen beträgt, eine verhältnismäßig nicht erhebliche Zeit ist.

II. Behördlich angeordnete Quarantäne wegen Verdachts einer Corona-Infektion

- Kein Lohnanspruch aus § 3 I EFZG, da keine krankheitsbedingte Arbeitsunfähigkeit
- Gem. § 56 I i.V.m. § 66 I IfSG: Anspruch des AN gegen das Bundesland, das Tätigkeitsverbot erlassen hat, auf Entschädigung für den Verdienstausfall.
  Ausn.: § 56 I 4 IfSG, der seit 01.11.2021 auch zulasten Ungeimpfter gilt.

Auswirkungen der Corona-Pandemie im ArbR (2)

Nach § 56 V IfSG muss AG für längstens 6 Wochen die Entschädigung für die zuständige Behörde auszahlen, bekommt sie dann aber von der zuständigen Behörde erstattet.

Nach Ablauf der 6 Wochen hat AN Direktanspruch gegen die Behörde i.H.v. 70 % des regelmäßigen Arbeitseinkommens, vgl. § 56 II 3 IfSG.

⚠ Liegt gleichzeitig eine behördlich angeordnete Quarantäne und eine infektionsbedingte Arbeitsunfähigkeit bzw. Arbeitsverhinderung vor, ergibt sich der Lohnanspruch nach h.M. aus § 3 I EFZG bzw. § 616 S. 1 i.V.m. § 611 a II BGB, da § 56 IfSG einen Verdienstausfall voraussetze, der dann nicht gegeben sei.

III. Arbeitsverhinderung des AN wegen Kinderbetreuung

Entschädigung gem. § 56 I a 1 IfSG für längstens 10 Wochen (alleinerziehende 20 Wochen) i.H.v. 67 % des Verdienstausfalls des Erwerbstätigen. Voraussetzungen:

- Das Kind muss betreuungsbedürftig sein (12. Lebensjahr noch nicht vollendet oder behindert und auf Hilfe angewiesen)
- Betreuung durch AN selbst ist erforderlich (andere Betreuung nicht möglich)
- Bundestag hat epidemische Lage von nationaler Tragweite gem. § 5 I IfSG festgestellt

IV. AN wird vom AG wegen Verdachts einer Corona-Infektion freigestellt

- M1: § 616 S. 1 i.V.m. § 611 a II BGB, wenn Verhinderungsdauer eine nicht erhebliche Zeit (arg.: Verhinderungsgrund ist Verdacht der Covid19-Infektion)
- M2: § 615 S. 1 i.V.m. § 611 a II BGB, da Verhinderungsgrund die einseitige Freistellung durch AG ist

Auswirkungen der Corona-Pandemie im ArbR (3)

V. Betriebsschließung wegen der Infektionsgefahr mit SARS-CoV-2

- **aus wirtschaftlichen Gründen** (lohnt nicht):
  ⇨ Wirschaftsrisiko des AG – Lohnanspruch des AN aus § 615 S. 1 i.V.m. § 611 a II BGB
- **aus betrieblichen Gründen** (☞ keine Zulieferung von Material):
  ⇨ Betriebrisiko des AG – Lohnanspruch aus § 615 S. 3 BGB i.V.m. Betriebslostenlehre i.V.m. § 611 a II BGB
- **wegen behördlicher Anordnung:**

  ⇨ Betriebsrisiko des AG?

  Str., aber nach h.Lit., BAG (–), da Betriebsverbot wegen des Virus erfolgt und nicht wegen der Eigenart des Betriebs ⇨ Daher handelt es sich um ein Risiko, das der AG noch nicht einmal abstrakt beherrschen kann.

  Lösung: Kurzarbeit; Kurzarbeitergeld ist in §§ 95 ff. SGB III geregelt

B. Home-Office

I. Besteht eine Home-Office-Pflicht des AN?

Ein Recht des AG zur Anordnung von Home-Office kann sich aus seinem Direktionsrecht gem. § 106 GewO ergeben, da in besonderen Notsituationen ein erweiteres Direktionsrecht des AG besteht und der AN daher verpflichtet ist (§§ 241 II, 242 BGB), auch an anderen Orten zu arbeiten, als arbeitsvertraglich vereinbart ist.

II. Besteht ein Recht des AN auf Home-Office?

Gesetzlich geregelter Anspruch (–)

Auswirkungen der Corona-Pandemie im ArbR (4)

III. AN-Haftung im Home-Office?

- Grds. gelten zugunsten des AN die Grundsätze des innerbetrieblichen Schadensausgleichs

  Problem: Betriebliche Veranlassung der schadensauslösenden Tätigkeit

  ⇨ Private Tätigkeit muss eine gewisse Erheblichkeitsschwelle überschreiten, um als nicht mehr betrieblich veranlasst zu gelten.

  ☞ AN nutzt Arbeitsmittel zu privaten Zwecken, obwohl der AG ein Privatnutzungsverbot angewiesen hat (§ 106 GewO) ⇨ Grundsätze des innerbetrieblichen Schadensausgleichs gelten nicht

- Mitverursacht Dritter allein oder zusammen mit AN einen Schaden zulasten des AG, haftet Dritter nach normalen Haftungsmaßstäben (str., a.A. behandelt Dritten wie AN, um dessen Haftungsprivileg nicht zu unterlaufen)

⚠ Haftet Dritter ggü. AG, der AN aber wegen seines Privilegs nicht ⇨ gestörte Gesamtschuld

C. Impfpficht gegen Covid 19 im Arbeitsverhältnis?

- Zurzeit besteht keine gesetzliche Impfpflicht
- Evtl. Impfpflicht aus Direktionsrecht des AG gem. § 106 GewO oder aus Treuepflichten des AN gem. § 241 II?

  ⇨ Grds. überwiegt APR des AN aus Art. 2 I i.V.m. Art. 1 I GG sowie sein Recht auf körperliche Unversehrtheit aus Art. 2 II 1 GG die Interessen des AG aus Art. 12, 14 GG

  Ausnahme: berechtigtes Interesse des AG wegen erhöhtem Infektionsrisiko am Arbeitsplatz oder Kontakt mit Risikogrupopen am Arbeitsplatz

Notizen

Skripten zu den Besonderen Rechtsgebieten

Stand: Dezember 2021

▪ **Handelsrecht**	19. Aufl. **2022**	**17,90 €**
▪ **Gesellschaftsrecht**	19. Aufl. **2021**	**20,90 €**
▪ **Arbeitsrecht**	23. Aufl. **2022**	**22,90 €**
▪ **Kollektives Arbeitsrecht**	6. Aufl. **2020**	**22,90 €**
▪ **Insolvenzrecht**	11. Aufl. **2020**	**20,90 €**
▪ **Rechtsgeschichte**	12. Aufl. **2021**	**20,90 €**
▪ **Rechtsphilosophie und Rechtstheorie**	8. Aufl. **2021**	**20,90 €**
▪ **Die mündl. Prüfung im 1. Examen**	4. Aufl. **in Überarbeitung**	

KK

Karteikarten von Alpmann Schmidt
Examenswissen kompakt, kom

Aus dem Inhalt:

- Rechtsquellen des Arbeitsrechts, insbes. Ergänzungen des Arbeitsvertrags (betriebl. Übung, Gleichbehandlungsgrundsatz etc.)
- Allgemeines Gleichbehandlungsgesetz (AGG)
- Zustandekommen und Mängel des Arbeitsvertrags, insbes. Anfechtung
- Pflichten des Arbeitnehmers und des Arbeitgebers
- Klausurrelevante Sonderregeln „Lohn ohne Arbeit“ (EntgeltfortzahlungsG, §§ 615, 616 BGB)
- Besonderheiten des innerbetrieblichen Schadensausgleichs, insbes. Haftungsprivilegierungen des Arbeitnehmers und des Arbeitgebers
- Beendigung des Arbeitsvertrags, insbes. Prüfungsschemata für ordentliche und außerordentliche Kündigung
- Betriebsübergang, § 613 a BGB
- Arbeitskampfrecht, insbes. Arbeitskampfrisikoverteilung
- Tarifvertragsrecht, Betriebsverfassungsrecht inkl. Betriebsverfassungsreformgesetz
- Auswirkungen der Corona-Pandemie im Arbeitsrecht

ISBN: 978-3-86752-810-8
9 783867 528108
€ 11,90